Multiplication Facts Practice Worksheets

Arithmetic Workbook with Answers

Reproducible Timed Math Drills:

Multiplying the Numbers 0-12

Anne Fairbanks

Simple No-Frills Math Sheets

Multiplication Facts Practice Worksheets Arithmetic Workbook with Answers

Reproducible Timed Math Drills: Multiplying the Numbers 0-12

copyright (c) 2011

Anne Fairbanks

Simple No-Frills Math Sheets

Children > Nonfiction > Education > Math > Arithmetic

First edition and first printing in December 2011

ISBN-10:   1468138219   ISBN-13:   978-1468138214

TABLE OF CONTENTS

INTRODUCTION

- This workbook consists of 100 basic multiplication facts worksheets.

- These multiplication drills help to develop fluency in arithmetic.

- All problems involve the numbers 0 thru 12.

- Record the score and time at the top of each worksheet.

- Try to improve your score and time as you continue.

- Check your answers at the back of the workbook.

- Each exercise is numbered for easy reference.

- Teachers may reproduce selected worksheets for their students.

- Includes space for students to write their name at the top.

①
```
    9
×   1
____
```

②
```
    1
×   9
____
```

③
```
    3
×   1
____
```

④
```
    1
×   6
____
```

⑤
```
   10
×   1
____
```

⑥
```
    1
×   7
____
```

⑦
```
    3
×   1
____
```

⑧
```
    1
×   5
____
```

⑨
```
    6
×   1
____
```

⑩
```
    1
×   7
____
```

⑪
```
    4
×   1
____
```

⑫
```
    1
×   0
____
```

⑬
```
    4
×   1
____
```

⑭
```
    1
×   8
____
```

⑮
```
    4
×   1
____
```

⑯
```
    1
×   0
____
```

⑰
```
    8
×   1
____
```

⑱
```
    1
×   4
____
```

⑲
```
    4
×   1
____
```

⑳
```
    1
×   3
____
```

㉑
```
    9
×   1
____
```

㉒
```
    1
×   7
____
```

㉓
```
    2
×   1
____
```

㉔
```
    1
×   8
____
```

㉕
```
    2
×   1
____
```

㉖
```
    1
×   9
____
```

㉗
```
    0
×   1
____
```

㉘
```
    1
×   0
____
```

㉙
```
    8
×   1
____
```

㉚
```
    1
×   1
____
```

㉛
```
    2
×   1
____
```

㉜
```
    1
×   0
____
```

㉝
```
    7
×   1
____
```

㉞
```
    1
×   9
____
```

㉟
```
    1
×   1
____
```

①
$$\begin{array}{r} 4 \\ \times\ 1 \\ \hline \end{array}$$

②
$$\begin{array}{r} 1 \\ \times\ 2 \\ \hline \end{array}$$

③
$$\begin{array}{r} 4 \\ \times\ 1 \\ \hline \end{array}$$

④
$$\begin{array}{r} 1 \\ \times\ 3 \\ \hline \end{array}$$

⑤
$$\begin{array}{r} 9 \\ \times\ 1 \\ \hline \end{array}$$

⑥
$$\begin{array}{r} 1 \\ \times\ 4 \\ \hline \end{array}$$

⑦
$$\begin{array}{r} 1 \\ \times\ 1 \\ \hline \end{array}$$

⑧
$$\begin{array}{r} 1 \\ \times\ 5 \\ \hline \end{array}$$

⑨
$$\begin{array}{r} 5 \\ \times\ 1 \\ \hline \end{array}$$

⑩
$$\begin{array}{r} 1 \\ \times\ 6 \\ \hline \end{array}$$

⑪
$$\begin{array}{r} 9 \\ \times\ 1 \\ \hline \end{array}$$

⑫
$$\begin{array}{r} 1 \\ \times\ 3 \\ \hline \end{array}$$

⑬
$$\begin{array}{r} 6 \\ \times\ 1 \\ \hline \end{array}$$

⑭
$$\begin{array}{r} 1 \\ \times\ 4 \\ \hline \end{array}$$

⑮
$$\begin{array}{r} 0 \\ \times\ 1 \\ \hline \end{array}$$

⑯
$$\begin{array}{r} 1 \\ \times\ 9 \\ \hline \end{array}$$

⑰
$$\begin{array}{r} 4 \\ \times\ 1 \\ \hline \end{array}$$

⑱
$$\begin{array}{r} 1 \\ \times\ 10 \\ \hline \end{array}$$

⑲
$$\begin{array}{r} 5 \\ \times\ 1 \\ \hline \end{array}$$

⑳
$$\begin{array}{r} 1 \\ \times\ 3 \\ \hline \end{array}$$

㉑
$$\begin{array}{r} 10 \\ \times\ 1 \\ \hline \end{array}$$

㉒
$$\begin{array}{r} 1 \\ \times\ 3 \\ \hline \end{array}$$

㉓
$$\begin{array}{r} 10 \\ \times\ 1 \\ \hline \end{array}$$

㉔
$$\begin{array}{r} 1 \\ \times\ 5 \\ \hline \end{array}$$

㉕
$$\begin{array}{r} 10 \\ \times\ 1 \\ \hline \end{array}$$

㉖
$$\begin{array}{r} 1 \\ \times\ 0 \\ \hline \end{array}$$

㉗
$$\begin{array}{r} 10 \\ \times\ 1 \\ \hline \end{array}$$

㉘
$$\begin{array}{r} 1 \\ \times\ 10 \\ \hline \end{array}$$

㉙
$$\begin{array}{r} 1 \\ \times\ 1 \\ \hline \end{array}$$

㉚
$$\begin{array}{r} 1 \\ \times\ 0 \\ \hline \end{array}$$

㉛
$$\begin{array}{r} 10 \\ \times\ 1 \\ \hline \end{array}$$

㉜
$$\begin{array}{r} 1 \\ \times\ 5 \\ \hline \end{array}$$

㉝
$$\begin{array}{r} 6 \\ \times\ 1 \\ \hline \end{array}$$

㉞
$$\begin{array}{r} 1 \\ \times\ 9 \\ \hline \end{array}$$

㉟
$$\begin{array}{r} 9 \\ \times\ 1 \\ \hline \end{array}$$

①
```
    5
×   2
```

②
```
    2
×   4
```

③
```
    3
×   2
```

④
```
    2
×   2
```

⑤
```
    7
×   2
```

⑥
```
    2
×   0
```

⑦
```
    9
×   2
```

⑧
```
    2
×   2
```

⑨
```
    1
×   2
```

⑩
```
     2
×   10
```

⑪
```
   10
×   2
```

⑫
```
    2
×   9
```

⑬
```
    5
×   2
```

⑭
```
    2
×   5
```

⑮
```
    8
×   2
```

⑯
```
    2
×   0
```

⑰
```
    6
×   2
```

⑱
```
    2
×   4
```

⑲
```
    1
×   2
```

⑳
```
    2
×   3
```

㉑
```
    4
×   2
```

㉒
```
    2
×   3
```

㉓
```
   10
×   2
```

㉔
```
    2
×   1
```

㉕
```
    4
×   2
```

㉖
```
    2
×   7
```

㉗
```
    1
×   2
```

㉘
```
    2
×   4
```

㉙
```
    9
×   2
```

㉚
```
    2
×   6
```

㉛
```
    2
×   2
```

㉜
```
    2
×   1
```

㉝
```
    7
×   2
```

㉞
```
    2
×   9
```

㉟
```
    2
×   2
```

①
```
    1
×   2
____
```

②
```
    2
×  10
____
```

③
```
    0
×   2
____
```

④
```
    2
×   1
____
```

⑤
```
    8
×   2
____
```

⑥
```
    2
×   1
____
```

⑦
```
   10
×   2
____
```

⑧
```
    2
×   4
____
```

⑨
```
    5
×   2
____
```

⑩
```
    2
×   6
____
```

⑪
```
    5
×   2
____
```

⑫
```
    2
×   1
____
```

⑬
```
    0
×   2
____
```

⑭
```
    2
×   0
____
```

⑮
```
    7
×   2
____
```

⑯
```
    2
×   4
____
```

⑰
```
    0
×   2
____
```

⑱
```
    2
×   0
____
```

⑲
```
    2
×   2
____
```

⑳
```
    2
×   6
____
```

㉑
```
    0
×   2
____
```

㉒
```
    2
×   7
____
```

㉓
```
    9
×   2
____
```

㉔
```
    2
×   0
____
```

㉕
```
    5
×   2
____
```

㉖
```
    2
×   9
____
```

㉗
```
   10
×   2
____
```

㉘
```
    2
×   0
____
```

㉙
```
    8
×   2
____
```

㉚
```
    2
×   2
____
```

㉛
```
    9
×   2
____
```

㉜
```
    2
×   2
____
```

㉝
```
    9
×   2
____
```

㉞
```
    2
×   1
____
```

㉟
```
    4
×   2
____
```

①
7
× 3

②
3
× 4

③
10
× 3

④
3
× 5

⑤
8
× 3

⑥
3
× 0

⑦
9
× 3

⑧
3
× 7

⑨
9
× 3

⑩
3
× 1

⑪
4
× 3

⑫
3
× 3

⑬
4
× 3

⑭
3
× 5

⑮
0
× 3

⑯
3
× 3

⑰
5
× 3

⑱
3
× 1

⑲
5
× 3

⑳
3
× 2

㉑
10
× 3

㉒
3
× 8

㉓
6
× 3

㉔
3
× 7

㉕
0
× 3

㉖
3
× 9

㉗
10
× 3

㉘
3
× 4

㉙
9
× 3

㉚
3
× 2

㉛
4
× 3

㉜
3
× 8

㉝
10
× 3

㉞
3
× 1

㉟
0
× 3

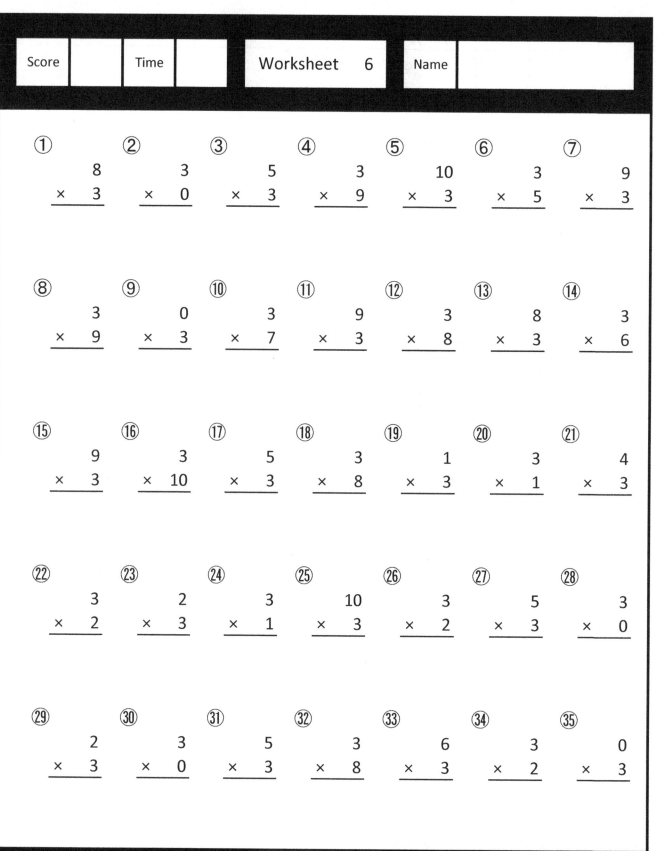

①
$$\begin{array}{r} 8 \\ \times\ 3 \\ \hline \end{array}$$

②
$$\begin{array}{r} 3 \\ \times\ 0 \\ \hline \end{array}$$

③
$$\begin{array}{r} 5 \\ \times\ 3 \\ \hline \end{array}$$

④
$$\begin{array}{r} 3 \\ \times\ 9 \\ \hline \end{array}$$

⑤
$$\begin{array}{r} 10 \\ \times\ 3 \\ \hline \end{array}$$

⑥
$$\begin{array}{r} 3 \\ \times\ 5 \\ \hline \end{array}$$

⑦
$$\begin{array}{r} 9 \\ \times\ 3 \\ \hline \end{array}$$

⑧
$$\begin{array}{r} 3 \\ \times\ 9 \\ \hline \end{array}$$

⑨
$$\begin{array}{r} 0 \\ \times\ 3 \\ \hline \end{array}$$

⑩
$$\begin{array}{r} 3 \\ \times\ 7 \\ \hline \end{array}$$

⑪
$$\begin{array}{r} 9 \\ \times\ 3 \\ \hline \end{array}$$

⑫
$$\begin{array}{r} 3 \\ \times\ 8 \\ \hline \end{array}$$

⑬
$$\begin{array}{r} 8 \\ \times\ 3 \\ \hline \end{array}$$

⑭
$$\begin{array}{r} 3 \\ \times\ 6 \\ \hline \end{array}$$

⑮
$$\begin{array}{r} 9 \\ \times\ 3 \\ \hline \end{array}$$

⑯
$$\begin{array}{r} 3 \\ \times\ 10 \\ \hline \end{array}$$

⑰
$$\begin{array}{r} 5 \\ \times\ 3 \\ \hline \end{array}$$

⑱
$$\begin{array}{r} 3 \\ \times\ 8 \\ \hline \end{array}$$

⑲
$$\begin{array}{r} 1 \\ \times\ 3 \\ \hline \end{array}$$

⑳
$$\begin{array}{r} 3 \\ \times\ 1 \\ \hline \end{array}$$

㉑
$$\begin{array}{r} 4 \\ \times\ 3 \\ \hline \end{array}$$

㉒
$$\begin{array}{r} 3 \\ \times\ 2 \\ \hline \end{array}$$

㉓
$$\begin{array}{r} 2 \\ \times\ 3 \\ \hline \end{array}$$

㉔
$$\begin{array}{r} 3 \\ \times\ 1 \\ \hline \end{array}$$

㉕
$$\begin{array}{r} 10 \\ \times\ 3 \\ \hline \end{array}$$

㉖
$$\begin{array}{r} 3 \\ \times\ 2 \\ \hline \end{array}$$

㉗
$$\begin{array}{r} 5 \\ \times\ 3 \\ \hline \end{array}$$

㉘
$$\begin{array}{r} 3 \\ \times\ 0 \\ \hline \end{array}$$

㉙
$$\begin{array}{r} 2 \\ \times\ 3 \\ \hline \end{array}$$

㉚
$$\begin{array}{r} 3 \\ \times\ 0 \\ \hline \end{array}$$

㉛
$$\begin{array}{r} 5 \\ \times\ 3 \\ \hline \end{array}$$

㉜
$$\begin{array}{r} 3 \\ \times\ 8 \\ \hline \end{array}$$

㉝
$$\begin{array}{r} 6 \\ \times\ 3 \\ \hline \end{array}$$

㉞
$$\begin{array}{r} 3 \\ \times\ 2 \\ \hline \end{array}$$

㉟
$$\begin{array}{r} 0 \\ \times\ 3 \\ \hline \end{array}$$

①
$$\begin{array}{r} 2 \\ \times\ 4 \\ \hline \end{array}$$

②
$$\begin{array}{r} 4 \\ \times\ 2 \\ \hline \end{array}$$

③
$$\begin{array}{r} 8 \\ \times\ 4 \\ \hline \end{array}$$

④
$$\begin{array}{r} 4 \\ \times\ 0 \\ \hline \end{array}$$

⑤
$$\begin{array}{r} 0 \\ \times\ 4 \\ \hline \end{array}$$

⑥
$$\begin{array}{r} 4 \\ \times\ 6 \\ \hline \end{array}$$

⑦
$$\begin{array}{r} 0 \\ \times\ 4 \\ \hline \end{array}$$

⑧
$$\begin{array}{r} 4 \\ \times\ 7 \\ \hline \end{array}$$

⑨
$$\begin{array}{r} 4 \\ \times\ 4 \\ \hline \end{array}$$

⑩
$$\begin{array}{r} 4 \\ \times\ 3 \\ \hline \end{array}$$

⑪
$$\begin{array}{r} 6 \\ \times\ 4 \\ \hline \end{array}$$

⑫
$$\begin{array}{r} 4 \\ \times\ 4 \\ \hline \end{array}$$

⑬
$$\begin{array}{r} 0 \\ \times\ 4 \\ \hline \end{array}$$

⑭
$$\begin{array}{r} 4 \\ \times\ 10 \\ \hline \end{array}$$

⑮
$$\begin{array}{r} 0 \\ \times\ 4 \\ \hline \end{array}$$

⑯
$$\begin{array}{r} 4 \\ \times\ 8 \\ \hline \end{array}$$

⑰
$$\begin{array}{r} 6 \\ \times\ 4 \\ \hline \end{array}$$

⑱
$$\begin{array}{r} 4 \\ \times\ 8 \\ \hline \end{array}$$

⑲
$$\begin{array}{r} 8 \\ \times\ 4 \\ \hline \end{array}$$

⑳
$$\begin{array}{r} 4 \\ \times\ 1 \\ \hline \end{array}$$

㉑
$$\begin{array}{r} 2 \\ \times\ 4 \\ \hline \end{array}$$

㉒
$$\begin{array}{r} 4 \\ \times\ 0 \\ \hline \end{array}$$

㉓
$$\begin{array}{r} 2 \\ \times\ 4 \\ \hline \end{array}$$

㉔
$$\begin{array}{r} 4 \\ \times\ 6 \\ \hline \end{array}$$

㉕
$$\begin{array}{r} 8 \\ \times\ 4 \\ \hline \end{array}$$

㉖
$$\begin{array}{r} 4 \\ \times\ 9 \\ \hline \end{array}$$

㉗
$$\begin{array}{r} 4 \\ \times\ 4 \\ \hline \end{array}$$

㉘
$$\begin{array}{r} 4 \\ \times\ 4 \\ \hline \end{array}$$

㉙
$$\begin{array}{r} 8 \\ \times\ 4 \\ \hline \end{array}$$

㉚
$$\begin{array}{r} 4 \\ \times\ 6 \\ \hline \end{array}$$

㉛
$$\begin{array}{r} 1 \\ \times\ 4 \\ \hline \end{array}$$

㉜
$$\begin{array}{r} 4 \\ \times\ 5 \\ \hline \end{array}$$

㉝
$$\begin{array}{r} 1 \\ \times\ 4 \\ \hline \end{array}$$

㉞
$$\begin{array}{r} 4 \\ \times\ 9 \\ \hline \end{array}$$

㉟
$$\begin{array}{r} 2 \\ \times\ 4 \\ \hline \end{array}$$

①
```
   10
×   4
```

②
```
    4
×   3
```

③
```
    8
×   4
```

④
```
    4
×   2
```

⑤
```
    5
×   4
```

⑥
```
    4
×   2
```

⑦
```
    1
×   4
```

⑧
```
    4
×   0
```

⑨
```
    9
×   4
```

⑩
```
    4
×   5
```

⑪
```
   10
×   4
```

⑫
```
    4
×   3
```

⑬
```
    1
×   4
```

⑭
```
    4
×   5
```

⑮
```
    5
×   4
```

⑯
```
    4
×   8
```

⑰
```
    3
×   4
```

⑱
```
    4
×   1
```

⑲
```
    4
×   4
```

⑳
```
    4
×   3
```

㉑
```
    1
×   4
```

㉒
```
    4
×  10
```

㉓
```
    6
×   4
```

㉔
```
    4
×   6
```

㉕
```
    8
×   4
```

㉖
```
    4
×   4
```

㉗
```
    0
×   4
```

㉘
```
    4
×   9
```

㉙
```
    8
×   4
```

㉚
```
    4
×   3
```

㉛
```
   10
×   4
```

㉜
```
    4
×   1
```

㉝
```
    8
×   4
```

㉞
```
    4
×   3
```

㉟
```
    5
×   4
```

①
$$\begin{array}{r} 10 \\ \times\ 5 \\ \hline \end{array}$$

②
$$\begin{array}{r} 5 \\ \times\ 10 \\ \hline \end{array}$$

③
$$\begin{array}{r} 6 \\ \times\ 5 \\ \hline \end{array}$$

④
$$\begin{array}{r} 5 \\ \times\ 8 \\ \hline \end{array}$$

⑤
$$\begin{array}{r} 10 \\ \times\ 5 \\ \hline \end{array}$$

⑥
$$\begin{array}{r} 5 \\ \times\ 9 \\ \hline \end{array}$$

⑦
$$\begin{array}{r} 7 \\ \times\ 5 \\ \hline \end{array}$$

⑧
$$\begin{array}{r} 5 \\ \times\ 9 \\ \hline \end{array}$$

⑨
$$\begin{array}{r} 1 \\ \times\ 5 \\ \hline \end{array}$$

⑩
$$\begin{array}{r} 5 \\ \times\ 5 \\ \hline \end{array}$$

⑪
$$\begin{array}{r} 8 \\ \times\ 5 \\ \hline \end{array}$$

⑫
$$\begin{array}{r} 5 \\ \times\ 4 \\ \hline \end{array}$$

⑬
$$\begin{array}{r} 6 \\ \times\ 5 \\ \hline \end{array}$$

⑭
$$\begin{array}{r} 5 \\ \times\ 6 \\ \hline \end{array}$$

⑮
$$\begin{array}{r} 4 \\ \times\ 5 \\ \hline \end{array}$$

⑯
$$\begin{array}{r} 5 \\ \times\ 0 \\ \hline \end{array}$$

⑰
$$\begin{array}{r} 0 \\ \times\ 5 \\ \hline \end{array}$$

⑱
$$\begin{array}{r} 5 \\ \times\ 9 \\ \hline \end{array}$$

⑲
$$\begin{array}{r} 9 \\ \times\ 5 \\ \hline \end{array}$$

⑳
$$\begin{array}{r} 5 \\ \times\ 1 \\ \hline \end{array}$$

㉑
$$\begin{array}{r} 8 \\ \times\ 5 \\ \hline \end{array}$$

㉒
$$\begin{array}{r} 5 \\ \times\ 6 \\ \hline \end{array}$$

㉓
$$\begin{array}{r} 1 \\ \times\ 5 \\ \hline \end{array}$$

㉔
$$\begin{array}{r} 5 \\ \times\ 5 \\ \hline \end{array}$$

㉕
$$\begin{array}{r} 8 \\ \times\ 5 \\ \hline \end{array}$$

㉖
$$\begin{array}{r} 5 \\ \times\ 2 \\ \hline \end{array}$$

㉗
$$\begin{array}{r} 10 \\ \times\ 5 \\ \hline \end{array}$$

㉘
$$\begin{array}{r} 5 \\ \times\ 2 \\ \hline \end{array}$$

㉙
$$\begin{array}{r} 10 \\ \times\ 5 \\ \hline \end{array}$$

㉚
$$\begin{array}{r} 5 \\ \times\ 2 \\ \hline \end{array}$$

㉛
$$\begin{array}{r} 6 \\ \times\ 5 \\ \hline \end{array}$$

㉜
$$\begin{array}{r} 5 \\ \times\ 7 \\ \hline \end{array}$$

㉝
$$\begin{array}{r} 2 \\ \times\ 5 \\ \hline \end{array}$$

㉞
$$\begin{array}{r} 5 \\ \times\ 8 \\ \hline \end{array}$$

㉟
$$\begin{array}{r} 9 \\ \times\ 5 \\ \hline \end{array}$$

①
$$\begin{array}{r} 3 \\ \times\ 5 \\ \hline \end{array}$$

②
$$\begin{array}{r} 5 \\ \times\ 3 \\ \hline \end{array}$$

③
$$\begin{array}{r} 6 \\ \times\ 5 \\ \hline \end{array}$$

④
$$\begin{array}{r} 5 \\ \times\ 0 \\ \hline \end{array}$$

⑤
$$\begin{array}{r} 3 \\ \times\ 5 \\ \hline \end{array}$$

⑥
$$\begin{array}{r} 5 \\ \times\ 4 \\ \hline \end{array}$$

⑦
$$\begin{array}{r} 4 \\ \times\ 5 \\ \hline \end{array}$$

⑧
$$\begin{array}{r} 5 \\ \times\ 8 \\ \hline \end{array}$$

⑨
$$\begin{array}{r} 7 \\ \times\ 5 \\ \hline \end{array}$$

⑩
$$\begin{array}{r} 5 \\ \times\ 10 \\ \hline \end{array}$$

⑪
$$\begin{array}{r} 8 \\ \times\ 5 \\ \hline \end{array}$$

⑫
$$\begin{array}{r} 5 \\ \times\ 1 \\ \hline \end{array}$$

⑬
$$\begin{array}{r} 5 \\ \times\ 5 \\ \hline \end{array}$$

⑭
$$\begin{array}{r} 5 \\ \times\ 2 \\ \hline \end{array}$$

⑮
$$\begin{array}{r} 4 \\ \times\ 5 \\ \hline \end{array}$$

⑯
$$\begin{array}{r} 5 \\ \times\ 1 \\ \hline \end{array}$$

⑰
$$\begin{array}{r} 5 \\ \times\ 5 \\ \hline \end{array}$$

⑱
$$\begin{array}{r} 5 \\ \times\ 1 \\ \hline \end{array}$$

⑲
$$\begin{array}{r} 2 \\ \times\ 5 \\ \hline \end{array}$$

⑳
$$\begin{array}{r} 5 \\ \times\ 6 \\ \hline \end{array}$$

㉑
$$\begin{array}{r} 2 \\ \times\ 5 \\ \hline \end{array}$$

㉒
$$\begin{array}{r} 5 \\ \times\ 2 \\ \hline \end{array}$$

㉓
$$\begin{array}{r} 7 \\ \times\ 5 \\ \hline \end{array}$$

㉔
$$\begin{array}{r} 5 \\ \times\ 3 \\ \hline \end{array}$$

㉕
$$\begin{array}{r} 9 \\ \times\ 5 \\ \hline \end{array}$$

㉖
$$\begin{array}{r} 5 \\ \times\ 7 \\ \hline \end{array}$$

㉗
$$\begin{array}{r} 7 \\ \times\ 5 \\ \hline \end{array}$$

㉘
$$\begin{array}{r} 5 \\ \times\ 0 \\ \hline \end{array}$$

㉙
$$\begin{array}{r} 3 \\ \times\ 5 \\ \hline \end{array}$$

㉚
$$\begin{array}{r} 5 \\ \times\ 3 \\ \hline \end{array}$$

㉛
$$\begin{array}{r} 8 \\ \times\ 5 \\ \hline \end{array}$$

㉜
$$\begin{array}{r} 5 \\ \times\ 5 \\ \hline \end{array}$$

㉝
$$\begin{array}{r} 9 \\ \times\ 5 \\ \hline \end{array}$$

㉞
$$\begin{array}{r} 5 \\ \times\ 6 \\ \hline \end{array}$$

㉟
$$\begin{array}{r} 6 \\ \times\ 5 \\ \hline \end{array}$$

①
$$\begin{array}{r} 2 \\ \times\ 6 \\ \hline \end{array}$$

②
$$\begin{array}{r} 6 \\ \times\ 9 \\ \hline \end{array}$$

③
$$\begin{array}{r} 1 \\ \times\ 6 \\ \hline \end{array}$$

④
$$\begin{array}{r} 6 \\ \times\ 8 \\ \hline \end{array}$$

⑤
$$\begin{array}{r} 7 \\ \times\ 6 \\ \hline \end{array}$$

⑥
$$\begin{array}{r} 6 \\ \times\ 7 \\ \hline \end{array}$$

⑦
$$\begin{array}{r} 7 \\ \times\ 6 \\ \hline \end{array}$$

⑧
$$\begin{array}{r} 6 \\ \times\ 8 \\ \hline \end{array}$$

⑨
$$\begin{array}{r} 10 \\ \times\ 6 \\ \hline \end{array}$$

⑩
$$\begin{array}{r} 6 \\ \times\ 3 \\ \hline \end{array}$$

⑪
$$\begin{array}{r} 10 \\ \times\ 6 \\ \hline \end{array}$$

⑫
$$\begin{array}{r} 6 \\ \times\ 9 \\ \hline \end{array}$$

⑬
$$\begin{array}{r} 6 \\ \times\ 6 \\ \hline \end{array}$$

⑭
$$\begin{array}{r} 6 \\ \times\ 3 \\ \hline \end{array}$$

⑮
$$\begin{array}{r} 4 \\ \times\ 6 \\ \hline \end{array}$$

⑯
$$\begin{array}{r} 6 \\ \times\ 3 \\ \hline \end{array}$$

⑰
$$\begin{array}{r} 7 \\ \times\ 6 \\ \hline \end{array}$$

⑱
$$\begin{array}{r} 6 \\ \times\ 6 \\ \hline \end{array}$$

⑲
$$\begin{array}{r} 7 \\ \times\ 6 \\ \hline \end{array}$$

⑳
$$\begin{array}{r} 6 \\ \times\ 3 \\ \hline \end{array}$$

㉑
$$\begin{array}{r} 10 \\ \times\ 6 \\ \hline \end{array}$$

㉒
$$\begin{array}{r} 6 \\ \times\ 5 \\ \hline \end{array}$$

㉓
$$\begin{array}{r} 3 \\ \times\ 6 \\ \hline \end{array}$$

㉔
$$\begin{array}{r} 6 \\ \times\ 10 \\ \hline \end{array}$$

㉕
$$\begin{array}{r} 0 \\ \times\ 6 \\ \hline \end{array}$$

㉖
$$\begin{array}{r} 6 \\ \times\ 2 \\ \hline \end{array}$$

㉗
$$\begin{array}{r} 10 \\ \times\ 6 \\ \hline \end{array}$$

㉘
$$\begin{array}{r} 6 \\ \times\ 10 \\ \hline \end{array}$$

㉙
$$\begin{array}{r} 7 \\ \times\ 6 \\ \hline \end{array}$$

㉚
$$\begin{array}{r} 6 \\ \times\ 8 \\ \hline \end{array}$$

㉛
$$\begin{array}{r} 1 \\ \times\ 6 \\ \hline \end{array}$$

㉜
$$\begin{array}{r} 6 \\ \times\ 1 \\ \hline \end{array}$$

㉝
$$\begin{array}{r} 6 \\ \times\ 6 \\ \hline \end{array}$$

㉞
$$\begin{array}{r} 6 \\ \times\ 3 \\ \hline \end{array}$$

㉟
$$\begin{array}{r} 4 \\ \times\ 6 \\ \hline \end{array}$$

①
```
    9
×   6
```

②
```
    6
×   4
```

③
```
    8
×   6
```

④
```
    6
×   4
```

⑤
```
    3
×   6
```

⑥
```
    6
×   5
```

⑦
```
    9
×   6
```

⑧
```
    6
×   2
```

⑨
```
    2
×   6
```

⑩
```
    6
×   0
```

⑪
```
    1
×   6
```

⑫
```
    6
×   4
```

⑬
```
    0
×   6
```

⑭
```
    6
×   6
```

⑮
```
    5
×   6
```

⑯
```
    6
×   5
```

⑰
```
    3
×   6
```

⑱
```
    6
×   8
```

⑲
```
    9
×   6
```

⑳
```
    6
×   5
```

㉑
```
    3
×   6
```

㉒
```
    6
×   9
```

㉓
```
    3
×   6
```

㉔
```
    6
×   0
```

㉕
```
    2
×   6
```

㉖
```
    6
×   2
```

㉗
```
    8
×   6
```

㉘
```
    6
×   3
```

㉙
```
    2
×   6
```

㉚
```
    6
×   2
```

㉛
```
    2
×   6
```

㉜
```
    6
×   1
```

㉝
```
    8
×   6
```

㉞
```
    6
×   0
```

㉟
```
    5
×   6
```

①
$$
\begin{array}{r}
0 \\
\times\ 7 \\
\hline
\end{array}
$$

②
$$
\begin{array}{r}
7 \\
\times\ 10 \\
\hline
\end{array}
$$

③
$$
\begin{array}{r}
3 \\
\times\ 7 \\
\hline
\end{array}
$$

④
$$
\begin{array}{r}
7 \\
\times\ 2 \\
\hline
\end{array}
$$

⑤
$$
\begin{array}{r}
6 \\
\times\ 7 \\
\hline
\end{array}
$$

⑥
$$
\begin{array}{r}
7 \\
\times\ 7 \\
\hline
\end{array}
$$

⑦
$$
\begin{array}{r}
3 \\
\times\ 7 \\
\hline
\end{array}
$$

⑧
$$
\begin{array}{r}
7 \\
\times\ 6 \\
\hline
\end{array}
$$

⑨
$$
\begin{array}{r}
2 \\
\times\ 7 \\
\hline
\end{array}
$$

⑩
$$
\begin{array}{r}
7 \\
\times\ 8 \\
\hline
\end{array}
$$

⑪
$$
\begin{array}{r}
5 \\
\times\ 7 \\
\hline
\end{array}
$$

⑫
$$
\begin{array}{r}
7 \\
\times\ 4 \\
\hline
\end{array}
$$

⑬
$$
\begin{array}{r}
10 \\
\times\ 7 \\
\hline
\end{array}
$$

⑭
$$
\begin{array}{r}
7 \\
\times\ 8 \\
\hline
\end{array}
$$

⑮
$$
\begin{array}{r}
0 \\
\times\ 7 \\
\hline
\end{array}
$$

⑯
$$
\begin{array}{r}
7 \\
\times\ 6 \\
\hline
\end{array}
$$

⑰
$$
\begin{array}{r}
7 \\
\times\ 7 \\
\hline
\end{array}
$$

⑱
$$
\begin{array}{r}
7 \\
\times\ 10 \\
\hline
\end{array}
$$

⑲
$$
\begin{array}{r}
4 \\
\times\ 7 \\
\hline
\end{array}
$$

⑳
$$
\begin{array}{r}
7 \\
\times\ 8 \\
\hline
\end{array}
$$

㉑
$$
\begin{array}{r}
2 \\
\times\ 7 \\
\hline
\end{array}
$$

㉒
$$
\begin{array}{r}
7 \\
\times\ 6 \\
\hline
\end{array}
$$

㉓
$$
\begin{array}{r}
2 \\
\times\ 7 \\
\hline
\end{array}
$$

㉔
$$
\begin{array}{r}
7 \\
\times\ 1 \\
\hline
\end{array}
$$

㉕
$$
\begin{array}{r}
8 \\
\times\ 7 \\
\hline
\end{array}
$$

㉖
$$
\begin{array}{r}
7 \\
\times\ 7 \\
\hline
\end{array}
$$

㉗
$$
\begin{array}{r}
7 \\
\times\ 7 \\
\hline
\end{array}
$$

㉘
$$
\begin{array}{r}
7 \\
\times\ 8 \\
\hline
\end{array}
$$

㉙
$$
\begin{array}{r}
6 \\
\times\ 7 \\
\hline
\end{array}
$$

㉚
$$
\begin{array}{r}
7 \\
\times\ 9 \\
\hline
\end{array}
$$

㉛
$$
\begin{array}{r}
7 \\
\times\ 7 \\
\hline
\end{array}
$$

㉜
$$
\begin{array}{r}
7 \\
\times\ 2 \\
\hline
\end{array}
$$

㉝
$$
\begin{array}{r}
3 \\
\times\ 7 \\
\hline
\end{array}
$$

㉞
$$
\begin{array}{r}
7 \\
\times\ 4 \\
\hline
\end{array}
$$

㉟
$$
\begin{array}{r}
0 \\
\times\ 7 \\
\hline
\end{array}
$$

①
```
    6
×   7
____
```

②
```
    7
×   2
____
```

③
```
    9
×   7
____
```

④
```
    7
×   4
____
```

⑤
```
    8
×   7
____
```

⑥
```
    7
×   3
____
```

⑦
```
    9
×   7
____
```

⑧
```
    7
×   8
____
```

⑨
```
    7
×   7
____
```

⑩
```
    7
×   8
____
```

⑪
```
    9
×   7
____
```

⑫
```
    7
×   3
____
```

⑬
```
    9
×   7
____
```

⑭
```
    7
×   7
____
```

⑮
```
    5
×   7
____
```

⑯
```
    7
×   2
____
```

⑰
```
    8
×   7
____
```

⑱
```
    7
×   6
____
```

⑲
```
   10
×   7
____
```

⑳
```
    7
×   6
____
```

㉑
```
    5
×   7
____
```

㉒
```
    7
×   7
____
```

㉓
```
    0
×   7
____
```

㉔
```
    7
×   2
____
```

㉕
```
   10
×   7
____
```

㉖
```
    7
×   4
____
```

㉗
```
    3
×   7
____
```

㉘
```
    7
×   8
____
```

㉙
```
    0
×   7
____
```

㉚
```
    7
×   4
____
```

㉛
```
    6
×   7
____
```

㉜
```
    7
×   2
____
```

㉝
```
    7
×   7
____
```

㉞
```
    7
×   8
____
```

㉟
```
    0
×   7
____
```

①
$$\begin{array}{r} 6 \\ \times\ 8 \\ \hline \end{array}$$

②
$$\begin{array}{r} 8 \\ \times\ 1 \\ \hline \end{array}$$

③
$$\begin{array}{r} 10 \\ \times\ 8 \\ \hline \end{array}$$

④
$$\begin{array}{r} 8 \\ \times\ 6 \\ \hline \end{array}$$

⑤
$$\begin{array}{r} 6 \\ \times\ 8 \\ \hline \end{array}$$

⑥
$$\begin{array}{r} 8 \\ \times\ 5 \\ \hline \end{array}$$

⑦
$$\begin{array}{r} 9 \\ \times\ 8 \\ \hline \end{array}$$

⑧
$$\begin{array}{r} 8 \\ \times\ 9 \\ \hline \end{array}$$

⑨
$$\begin{array}{r} 1 \\ \times\ 8 \\ \hline \end{array}$$

⑩
$$\begin{array}{r} 8 \\ \times\ 4 \\ \hline \end{array}$$

⑪
$$\begin{array}{r} 1 \\ \times\ 8 \\ \hline \end{array}$$

⑫
$$\begin{array}{r} 8 \\ \times\ 1 \\ \hline \end{array}$$

⑬
$$\begin{array}{r} 9 \\ \times\ 8 \\ \hline \end{array}$$

⑭
$$\begin{array}{r} 8 \\ \times\ 5 \\ \hline \end{array}$$

⑮
$$\begin{array}{r} 6 \\ \times\ 8 \\ \hline \end{array}$$

⑯
$$\begin{array}{r} 8 \\ \times\ 8 \\ \hline \end{array}$$

⑰
$$\begin{array}{r} 1 \\ \times\ 8 \\ \hline \end{array}$$

⑱
$$\begin{array}{r} 8 \\ \times\ 8 \\ \hline \end{array}$$

⑲
$$\begin{array}{r} 10 \\ \times\ 8 \\ \hline \end{array}$$

⑳
$$\begin{array}{r} 8 \\ \times\ 7 \\ \hline \end{array}$$

㉑
$$\begin{array}{r} 8 \\ \times\ 8 \\ \hline \end{array}$$

㉒
$$\begin{array}{r} 8 \\ \times\ 8 \\ \hline \end{array}$$

㉓
$$\begin{array}{r} 5 \\ \times\ 8 \\ \hline \end{array}$$

㉔
$$\begin{array}{r} 8 \\ \times\ 2 \\ \hline \end{array}$$

㉕
$$\begin{array}{r} 8 \\ \times\ 8 \\ \hline \end{array}$$

㉖
$$\begin{array}{r} 8 \\ \times\ 9 \\ \hline \end{array}$$

㉗
$$\begin{array}{r} 5 \\ \times\ 8 \\ \hline \end{array}$$

㉘
$$\begin{array}{r} 8 \\ \times\ 10 \\ \hline \end{array}$$

㉙
$$\begin{array}{r} 1 \\ \times\ 8 \\ \hline \end{array}$$

㉚
$$\begin{array}{r} 8 \\ \times\ 2 \\ \hline \end{array}$$

㉛
$$\begin{array}{r} 7 \\ \times\ 8 \\ \hline \end{array}$$

㉜
$$\begin{array}{r} 8 \\ \times\ 9 \\ \hline \end{array}$$

㉝
$$\begin{array}{r} 5 \\ \times\ 8 \\ \hline \end{array}$$

㉞
$$\begin{array}{r} 8 \\ \times\ 4 \\ \hline \end{array}$$

㉟
$$\begin{array}{r} 2 \\ \times\ 8 \\ \hline \end{array}$$

①
```
    0
×   8
```

②
```
    8
×   9
```

③
```
    8
×   8
```

④
```
    8
×   4
```

⑤
```
    0
×   8
```

⑥
```
    8
×   8
```

⑦
```
    5
×   8
```

⑧
```
    8
×   9
```

⑨
```
    8
×   8
```

⑩
```
    8
×   1
```

⑪
```
    4
×   8
```

⑫
```
    8
×   6
```

⑬
```
    7
×   8
```

⑭
```
    8
×   4
```

⑮
```
    0
×   8
```

⑯
```
    8
×   0
```

⑰
```
    4
×   8
```

⑱
```
    8
×   9
```

⑲
```
    3
×   8
```

⑳
```
    8
×   0
```

㉑
```
    5
×   8
```

㉒
```
     8
×   10
```

㉓
```
    1
×   8
```

㉔
```
    8
×   9
```

㉕
```
    7
×   8
```

㉖
```
    8
×   9
```

㉗
```
    7
×   8
```

㉘
```
    8
×   2
```

㉙
```
    8
×   8
```

㉚
```
    8
×   9
```

㉛
```
    8
×   8
```

㉜
```
    8
×   3
```

㉝
```
   10
×   8
```

㉞
```
    8
×   5
```

㉟
```
   10
×   8
```

①
```
    6
×   9
____
```

②
```
    9
×  10
____
```

③
```
    3
×   9
____
```

④
```
    9
×   2
____
```

⑤
```
    9
×   9
____
```

⑥
```
    9
×   6
____
```

⑦
```
    4
×   9
____
```

⑧
```
    9
×   9
____
```

⑨
```
    9
×   9
____
```

⑩
```
    9
×   4
____
```

⑪
```
    1
×   9
____
```

⑫
```
    9
×   9
____
```

⑬
```
    3
×   9
____
```

⑭
```
    9
×   2
____
```

⑮
```
    6
×   9
____
```

⑯
```
    9
×   2
____
```

⑰
```
    1
×   9
____
```

⑱
```
    9
×   6
____
```

⑲
```
    4
×   9
____
```

⑳
```
    9
×   1
____
```

㉑
```
    5
×   9
____
```

㉒
```
    9
×   0
____
```

㉓
```
    2
×   9
____
```

㉔
```
    9
×   3
____
```

㉕
```
    1
×   9
____
```

㉖
```
    9
×   0
____
```

㉗
```
    2
×   9
____
```

㉘
```
    9
×   8
____
```

㉙
```
    7
×   9
____
```

㉚
```
    9
×   9
____
```

㉛
```
    3
×   9
____
```

㉜
```
    9
×   5
____
```

㉝
```
    2
×   9
____
```

㉞
```
    9
×   1
____
```

㉟
```
    1
×   9
____
```

①
$$\begin{array}{r} 7 \\ \times\ 9 \\ \hline \end{array}$$

②
$$\begin{array}{r} 9 \\ \times\ 0 \\ \hline \end{array}$$

③
$$\begin{array}{r} 1 \\ \times\ 9 \\ \hline \end{array}$$

④
$$\begin{array}{r} 9 \\ \times\ 8 \\ \hline \end{array}$$

⑤
$$\begin{array}{r} 10 \\ \times\ 9 \\ \hline \end{array}$$

⑥
$$\begin{array}{r} 9 \\ \times\ 0 \\ \hline \end{array}$$

⑦
$$\begin{array}{r} 9 \\ \times\ 9 \\ \hline \end{array}$$

⑧
$$\begin{array}{r} 9 \\ \times\ 0 \\ \hline \end{array}$$

⑨
$$\begin{array}{r} 4 \\ \times\ 9 \\ \hline \end{array}$$

⑩
$$\begin{array}{r} 9 \\ \times\ 1 \\ \hline \end{array}$$

⑪
$$\begin{array}{r} 5 \\ \times\ 9 \\ \hline \end{array}$$

⑫
$$\begin{array}{r} 9 \\ \times\ 8 \\ \hline \end{array}$$

⑬
$$\begin{array}{r} 9 \\ \times\ 9 \\ \hline \end{array}$$

⑭
$$\begin{array}{r} 9 \\ \times\ 5 \\ \hline \end{array}$$

⑮
$$\begin{array}{r} 4 \\ \times\ 9 \\ \hline \end{array}$$

⑯
$$\begin{array}{r} 9 \\ \times\ 5 \\ \hline \end{array}$$

⑰
$$\begin{array}{r} 9 \\ \times\ 9 \\ \hline \end{array}$$

⑱
$$\begin{array}{r} 9 \\ \times\ 1 \\ \hline \end{array}$$

⑲
$$\begin{array}{r} 6 \\ \times\ 9 \\ \hline \end{array}$$

⑳
$$\begin{array}{r} 9 \\ \times\ 3 \\ \hline \end{array}$$

㉑
$$\begin{array}{r} 0 \\ \times\ 9 \\ \hline \end{array}$$

㉒
$$\begin{array}{r} 9 \\ \times\ 4 \\ \hline \end{array}$$

㉓
$$\begin{array}{r} 10 \\ \times\ 9 \\ \hline \end{array}$$

㉔
$$\begin{array}{r} 9 \\ \times\ 7 \\ \hline \end{array}$$

㉕
$$\begin{array}{r} 6 \\ \times\ 9 \\ \hline \end{array}$$

㉖
$$\begin{array}{r} 9 \\ \times\ 9 \\ \hline \end{array}$$

㉗
$$\begin{array}{r} 3 \\ \times\ 9 \\ \hline \end{array}$$

㉘
$$\begin{array}{r} 9 \\ \times\ 0 \\ \hline \end{array}$$

㉙
$$\begin{array}{r} 7 \\ \times\ 9 \\ \hline \end{array}$$

㉚
$$\begin{array}{r} 9 \\ \times\ 10 \\ \hline \end{array}$$

㉛
$$\begin{array}{r} 2 \\ \times\ 9 \\ \hline \end{array}$$

㉜
$$\begin{array}{r} 9 \\ \times\ 1 \\ \hline \end{array}$$

㉝
$$\begin{array}{r} 2 \\ \times\ 9 \\ \hline \end{array}$$

㉞
$$\begin{array}{r} 9 \\ \times\ 10 \\ \hline \end{array}$$

㉟
$$\begin{array}{r} 5 \\ \times\ 9 \\ \hline \end{array}$$

①
$$\begin{array}{r} 4 \\ \times\ 10 \\ \hline \end{array}$$

②
$$\begin{array}{r} 10 \\ \times\ \ 0 \\ \hline \end{array}$$

③
$$\begin{array}{r} 8 \\ \times\ 10 \\ \hline \end{array}$$

④
$$\begin{array}{r} 10 \\ \times\ \ 3 \\ \hline \end{array}$$

⑤
$$\begin{array}{r} 2 \\ \times\ 10 \\ \hline \end{array}$$

⑥
$$\begin{array}{r} 10 \\ \times\ \ 4 \\ \hline \end{array}$$

⑦
$$\begin{array}{r} 7 \\ \times\ 10 \\ \hline \end{array}$$

⑧
$$\begin{array}{r} 10 \\ \times\ \ 6 \\ \hline \end{array}$$

⑨
$$\begin{array}{r} 6 \\ \times\ 10 \\ \hline \end{array}$$

⑩
$$\begin{array}{r} 10 \\ \times\ \ 3 \\ \hline \end{array}$$

⑪
$$\begin{array}{r} 2 \\ \times\ 10 \\ \hline \end{array}$$

⑫
$$\begin{array}{r} 10 \\ \times\ \ 1 \\ \hline \end{array}$$

⑬
$$\begin{array}{r} 1 \\ \times\ 10 \\ \hline \end{array}$$

⑭
$$\begin{array}{r} 10 \\ \times\ 10 \\ \hline \end{array}$$

⑮
$$\begin{array}{r} 4 \\ \times\ 10 \\ \hline \end{array}$$

⑯
$$\begin{array}{r} 10 \\ \times\ \ 8 \\ \hline \end{array}$$

⑰
$$\begin{array}{r} 7 \\ \times\ 10 \\ \hline \end{array}$$

⑱
$$\begin{array}{r} 10 \\ \times\ \ 3 \\ \hline \end{array}$$

⑲
$$\begin{array}{r} 5 \\ \times\ 10 \\ \hline \end{array}$$

⑳
$$\begin{array}{r} 10 \\ \times\ \ 8 \\ \hline \end{array}$$

㉑
$$\begin{array}{r} 4 \\ \times\ 10 \\ \hline \end{array}$$

㉒
$$\begin{array}{r} 10 \\ \times\ \ 6 \\ \hline \end{array}$$

㉓
$$\begin{array}{r} 3 \\ \times\ 10 \\ \hline \end{array}$$

㉔
$$\begin{array}{r} 10 \\ \times\ 10 \\ \hline \end{array}$$

㉕
$$\begin{array}{r} 10 \\ \times\ 10 \\ \hline \end{array}$$

㉖
$$\begin{array}{r} 10 \\ \times\ \ 9 \\ \hline \end{array}$$

㉗
$$\begin{array}{r} 5 \\ \times\ 10 \\ \hline \end{array}$$

㉘
$$\begin{array}{r} 10 \\ \times\ \ 9 \\ \hline \end{array}$$

㉙
$$\begin{array}{r} 0 \\ \times\ 10 \\ \hline \end{array}$$

㉚
$$\begin{array}{r} 10 \\ \times\ \ 1 \\ \hline \end{array}$$

㉛
$$\begin{array}{r} 4 \\ \times\ 10 \\ \hline \end{array}$$

㉜
$$\begin{array}{r} 10 \\ \times\ \ 0 \\ \hline \end{array}$$

㉝
$$\begin{array}{r} 3 \\ \times\ 10 \\ \hline \end{array}$$

㉞
$$\begin{array}{r} 10 \\ \times\ \ 9 \\ \hline \end{array}$$

㉟
$$\begin{array}{r} 0 \\ \times\ 10 \\ \hline \end{array}$$

①
$$\begin{array}{r} 5 \\ \times\ 10 \\ \hline \end{array}$$

②
$$\begin{array}{r} 10 \\ \times\ 3 \\ \hline \end{array}$$

③
$$\begin{array}{r} 9 \\ \times\ 10 \\ \hline \end{array}$$

④
$$\begin{array}{r} 10 \\ \times\ 10 \\ \hline \end{array}$$

⑤
$$\begin{array}{r} 4 \\ \times\ 10 \\ \hline \end{array}$$

⑥
$$\begin{array}{r} 10 \\ \times\ 5 \\ \hline \end{array}$$

⑦
$$\begin{array}{r} 6 \\ \times\ 10 \\ \hline \end{array}$$

⑧
$$\begin{array}{r} 10 \\ \times\ 6 \\ \hline \end{array}$$

⑨
$$\begin{array}{r} 6 \\ \times\ 10 \\ \hline \end{array}$$

⑩
$$\begin{array}{r} 10 \\ \times\ 2 \\ \hline \end{array}$$

⑪
$$\begin{array}{r} 0 \\ \times\ 10 \\ \hline \end{array}$$

⑫
$$\begin{array}{r} 10 \\ \times\ 8 \\ \hline \end{array}$$

⑬
$$\begin{array}{r} 4 \\ \times\ 10 \\ \hline \end{array}$$

⑭
$$\begin{array}{r} 10 \\ \times\ 2 \\ \hline \end{array}$$

⑮
$$\begin{array}{r} 7 \\ \times\ 10 \\ \hline \end{array}$$

⑯
$$\begin{array}{r} 10 \\ \times\ 5 \\ \hline \end{array}$$

⑰
$$\begin{array}{r} 2 \\ \times\ 10 \\ \hline \end{array}$$

⑱
$$\begin{array}{r} 10 \\ \times\ 8 \\ \hline \end{array}$$

⑲
$$\begin{array}{r} 8 \\ \times\ 10 \\ \hline \end{array}$$

⑳
$$\begin{array}{r} 10 \\ \times\ 2 \\ \hline \end{array}$$

㉑
$$\begin{array}{r} 7 \\ \times\ 10 \\ \hline \end{array}$$

㉒
$$\begin{array}{r} 10 \\ \times\ 1 \\ \hline \end{array}$$

㉓
$$\begin{array}{r} 2 \\ \times\ 10 \\ \hline \end{array}$$

㉔
$$\begin{array}{r} 10 \\ \times\ 0 \\ \hline \end{array}$$

㉕
$$\begin{array}{r} 8 \\ \times\ 10 \\ \hline \end{array}$$

㉖
$$\begin{array}{r} 10 \\ \times\ 3 \\ \hline \end{array}$$

㉗
$$\begin{array}{r} 2 \\ \times\ 10 \\ \hline \end{array}$$

㉘
$$\begin{array}{r} 10 \\ \times\ 4 \\ \hline \end{array}$$

㉙
$$\begin{array}{r} 10 \\ \times\ 10 \\ \hline \end{array}$$

㉚
$$\begin{array}{r} 10 \\ \times\ 8 \\ \hline \end{array}$$

㉛
$$\begin{array}{r} 10 \\ \times\ 10 \\ \hline \end{array}$$

㉜
$$\begin{array}{r} 10 \\ \times\ 8 \\ \hline \end{array}$$

㉝
$$\begin{array}{r} 0 \\ \times\ 10 \\ \hline \end{array}$$

㉞
$$\begin{array}{r} 10 \\ \times\ 9 \\ \hline \end{array}$$

㉟
$$\begin{array}{r} 9 \\ \times\ 10 \\ \hline \end{array}$$

①
$$\begin{array}{r} 1 \\ \times\ 0 \\ \hline \end{array}$$

②
$$\begin{array}{r} 7 \\ \times\ 0 \\ \hline \end{array}$$

③
$$\begin{array}{r} 2 \\ \times\ 8 \\ \hline \end{array}$$

④
$$\begin{array}{r} 2 \\ \times\ 9 \\ \hline \end{array}$$

⑤
$$\begin{array}{r} 4 \\ \times\ 10 \\ \hline \end{array}$$

⑥
$$\begin{array}{r} 6 \\ \times\ 5 \\ \hline \end{array}$$

⑦
$$\begin{array}{r} 1 \\ \times\ 3 \\ \hline \end{array}$$

⑧
$$\begin{array}{r} 2 \\ \times\ 7 \\ \hline \end{array}$$

⑨
$$\begin{array}{r} 2 \\ \times\ 5 \\ \hline \end{array}$$

⑩
$$\begin{array}{r} 7 \\ \times\ 4 \\ \hline \end{array}$$

⑪
$$\begin{array}{r} 10 \\ \times\ 9 \\ \hline \end{array}$$

⑫
$$\begin{array}{r} 7 \\ \times\ 9 \\ \hline \end{array}$$

⑬
$$\begin{array}{r} 5 \\ \times\ 0 \\ \hline \end{array}$$

⑭
$$\begin{array}{r} 5 \\ \times\ 4 \\ \hline \end{array}$$

⑮
$$\begin{array}{r} 7 \\ \times\ 4 \\ \hline \end{array}$$

⑯
$$\begin{array}{r} 10 \\ \times\ 9 \\ \hline \end{array}$$

⑰
$$\begin{array}{r} 9 \\ \times\ 10 \\ \hline \end{array}$$

⑱
$$\begin{array}{r} 5 \\ \times\ 4 \\ \hline \end{array}$$

⑲
$$\begin{array}{r} 7 \\ \times\ 6 \\ \hline \end{array}$$

⑳
$$\begin{array}{r} 4 \\ \times\ 8 \\ \hline \end{array}$$

㉑
$$\begin{array}{r} 10 \\ \times\ 5 \\ \hline \end{array}$$

㉒
$$\begin{array}{r} 8 \\ \times\ 7 \\ \hline \end{array}$$

㉓
$$\begin{array}{r} 6 \\ \times\ 4 \\ \hline \end{array}$$

㉔
$$\begin{array}{r} 2 \\ \times\ 10 \\ \hline \end{array}$$

㉕
$$\begin{array}{r} 7 \\ \times\ 8 \\ \hline \end{array}$$

㉖
$$\begin{array}{r} 7 \\ \times\ 6 \\ \hline \end{array}$$

㉗
$$\begin{array}{r} 1 \\ \times\ 8 \\ \hline \end{array}$$

㉘
$$\begin{array}{r} 7 \\ \times\ 4 \\ \hline \end{array}$$

㉙
$$\begin{array}{r} 10 \\ \times\ 1 \\ \hline \end{array}$$

㉚
$$\begin{array}{r} 3 \\ \times\ 6 \\ \hline \end{array}$$

㉛
$$\begin{array}{r} 4 \\ \times\ 7 \\ \hline \end{array}$$

㉜
$$\begin{array}{r} 3 \\ \times\ 1 \\ \hline \end{array}$$

㉝
$$\begin{array}{r} 7 \\ \times\ 9 \\ \hline \end{array}$$

㉞
$$\begin{array}{r} 5 \\ \times\ 6 \\ \hline \end{array}$$

㉟
$$\begin{array}{r} 2 \\ \times\ 9 \\ \hline \end{array}$$

①
$$\begin{array}{r} 3 \\ \times\ 6 \\ \hline \end{array}$$

②
$$\begin{array}{r} 10 \\ \times\ 4 \\ \hline \end{array}$$

③
$$\begin{array}{r} 1 \\ \times\ 2 \\ \hline \end{array}$$

④
$$\begin{array}{r} 7 \\ \times\ 5 \\ \hline \end{array}$$

⑤
$$\begin{array}{r} 10 \\ \times\ 0 \\ \hline \end{array}$$

⑥
$$\begin{array}{r} 10 \\ \times\ 0 \\ \hline \end{array}$$

⑦
$$\begin{array}{r} 3 \\ \times\ 5 \\ \hline \end{array}$$

⑧
$$\begin{array}{r} 0 \\ \times\ 4 \\ \hline \end{array}$$

⑨
$$\begin{array}{r} 2 \\ \times\ 9 \\ \hline \end{array}$$

⑩
$$\begin{array}{r} 9 \\ \times\ 8 \\ \hline \end{array}$$

⑪
$$\begin{array}{r} 4 \\ \times\ 0 \\ \hline \end{array}$$

⑫
$$\begin{array}{r} 3 \\ \times\ 1 \\ \hline \end{array}$$

⑬
$$\begin{array}{r} 8 \\ \times\ 8 \\ \hline \end{array}$$

⑭
$$\begin{array}{r} 7 \\ \times\ 5 \\ \hline \end{array}$$

⑮
$$\begin{array}{r} 4 \\ \times\ 8 \\ \hline \end{array}$$

⑯
$$\begin{array}{r} 7 \\ \times\ 4 \\ \hline \end{array}$$

⑰
$$\begin{array}{r} 7 \\ \times\ 9 \\ \hline \end{array}$$

⑱
$$\begin{array}{r} 4 \\ \times\ 10 \\ \hline \end{array}$$

⑲
$$\begin{array}{r} 8 \\ \times\ 9 \\ \hline \end{array}$$

⑳
$$\begin{array}{r} 2 \\ \times\ 7 \\ \hline \end{array}$$

㉑
$$\begin{array}{r} 0 \\ \times\ 4 \\ \hline \end{array}$$

㉒
$$\begin{array}{r} 4 \\ \times\ 2 \\ \hline \end{array}$$

㉓
$$\begin{array}{r} 2 \\ \times\ 1 \\ \hline \end{array}$$

㉔
$$\begin{array}{r} 5 \\ \times\ 8 \\ \hline \end{array}$$

㉕
$$\begin{array}{r} 8 \\ \times\ 7 \\ \hline \end{array}$$

㉖
$$\begin{array}{r} 3 \\ \times\ 5 \\ \hline \end{array}$$

㉗
$$\begin{array}{r} 7 \\ \times\ 9 \\ \hline \end{array}$$

㉘
$$\begin{array}{r} 4 \\ \times\ 1 \\ \hline \end{array}$$

㉙
$$\begin{array}{r} 0 \\ \times\ 5 \\ \hline \end{array}$$

㉚
$$\begin{array}{r} 7 \\ \times\ 5 \\ \hline \end{array}$$

㉛
$$\begin{array}{r} 2 \\ \times\ 8 \\ \hline \end{array}$$

㉜
$$\begin{array}{r} 0 \\ \times\ 0 \\ \hline \end{array}$$

㉝
$$\begin{array}{r} 2 \\ \times\ 10 \\ \hline \end{array}$$

㉞
$$\begin{array}{r} 7 \\ \times\ 3 \\ \hline \end{array}$$

㉟
$$\begin{array}{r} 0 \\ \times\ 10 \\ \hline \end{array}$$

①
$$\begin{array}{r} 3 \\ \times\ 1 \\ \hline \end{array}$$

②
$$\begin{array}{r} 6 \\ \times\ 1 \\ \hline \end{array}$$

③
$$\begin{array}{r} 2 \\ \times\ 3 \\ \hline \end{array}$$

④
$$\begin{array}{r} 10 \\ \times\ 2 \\ \hline \end{array}$$

⑤
$$\begin{array}{r} 10 \\ \times\ 0 \\ \hline \end{array}$$

⑥
$$\begin{array}{r} 0 \\ \times\ 7 \\ \hline \end{array}$$

⑦
$$\begin{array}{r} 0 \\ \times\ 2 \\ \hline \end{array}$$

⑧
$$\begin{array}{r} 2 \\ \times\ 4 \\ \hline \end{array}$$

⑨
$$\begin{array}{r} 2 \\ \times\ 5 \\ \hline \end{array}$$

⑩
$$\begin{array}{r} 8 \\ \times\ 3 \\ \hline \end{array}$$

⑪
$$\begin{array}{r} 6 \\ \times\ 2 \\ \hline \end{array}$$

⑫
$$\begin{array}{r} 5 \\ \times\ 2 \\ \hline \end{array}$$

⑬
$$\begin{array}{r} 4 \\ \times\ 4 \\ \hline \end{array}$$

⑭
$$\begin{array}{r} 6 \\ \times\ 7 \\ \hline \end{array}$$

⑮
$$\begin{array}{r} 6 \\ \times\ 10 \\ \hline \end{array}$$

⑯
$$\begin{array}{r} 10 \\ \times\ 10 \\ \hline \end{array}$$

⑰
$$\begin{array}{r} 7 \\ \times\ 10 \\ \hline \end{array}$$

⑱
$$\begin{array}{r} 9 \\ \times\ 1 \\ \hline \end{array}$$

⑲
$$\begin{array}{r} 0 \\ \times\ 5 \\ \hline \end{array}$$

⑳
$$\begin{array}{r} 8 \\ \times\ 7 \\ \hline \end{array}$$

㉑
$$\begin{array}{r} 7 \\ \times\ 1 \\ \hline \end{array}$$

㉒
$$\begin{array}{r} 8 \\ \times\ 8 \\ \hline \end{array}$$

㉓
$$\begin{array}{r} 2 \\ \times\ 9 \\ \hline \end{array}$$

㉔
$$\begin{array}{r} 0 \\ \times\ 10 \\ \hline \end{array}$$

㉕
$$\begin{array}{r} 8 \\ \times\ 0 \\ \hline \end{array}$$

㉖
$$\begin{array}{r} 0 \\ \times\ 10 \\ \hline \end{array}$$

㉗
$$\begin{array}{r} 1 \\ \times\ 2 \\ \hline \end{array}$$

㉘
$$\begin{array}{r} 9 \\ \times\ 8 \\ \hline \end{array}$$

㉙
$$\begin{array}{r} 10 \\ \times\ 8 \\ \hline \end{array}$$

㉚
$$\begin{array}{r} 1 \\ \times\ 3 \\ \hline \end{array}$$

㉛
$$\begin{array}{r} 4 \\ \times\ 3 \\ \hline \end{array}$$

㉜
$$\begin{array}{r} 4 \\ \times\ 1 \\ \hline \end{array}$$

㉝
$$\begin{array}{r} 10 \\ \times\ 2 \\ \hline \end{array}$$

㉞
$$\begin{array}{r} 6 \\ \times\ 9 \\ \hline \end{array}$$

㉟
$$\begin{array}{r} 0 \\ \times\ 0 \\ \hline \end{array}$$

①
9
× 6

②
10
× 5

③
2
× 5

④
9
× 10

⑤
3
× 2

⑥
3
× 2

⑦
6
× 0

⑧
7
× 2

⑨
8
× 2

⑩
0
× 10

⑪
1
× 5

⑫
8
× 6

⑬
10
× 0

⑭
5
× 2

⑮
1
× 2

⑯
10
× 0

⑰
6
× 3

⑱
8
× 9

⑲
8
× 9

⑳
2
× 1

㉑
5
× 9

㉒
2
× 1

㉓
0
× 10

㉔
3
× 10

㉕
1
× 2

㉖
1
× 1

㉗
4
× 6

㉘
6
× 9

㉙
3
× 3

㉚
7
× 6

㉛
9
× 10

㉜
6
× 8

㉝
7
× 5

㉞
1
× 10

㉟
8
× 4

①
```
   10
×   6
```

②
```
    8
×   4
```

③
```
    5
×  10
```

④
```
    1
×   2
```

⑤
```
    8
×   6
```

⑥
```
    8
×   7
```

⑦
```
    1
×   3
```

⑧
```
   10
×   9
```

⑨
```
    2
×  10
```

⑩
```
    5
×   6
```

⑪
```
    6
×   6
```

⑫
```
    2
×   1
```

⑬
```
    0
×   5
```

⑭
```
    5
×   3
```

⑮
```
    3
×   7
```

⑯
```
    0
×   0
```

⑰
```
    5
×   2
```

⑱
```
    3
×   8
```

⑲
```
    0
×   5
```

⑳
```
    4
×   1
```

㉑
```
    3
×  10
```

㉒
```
    4
×   7
```

㉓
```
    1
×   7
```

㉔
```
    4
×   5
```

㉕
```
    7
×   1
```

㉖
```
    9
×   4
```

㉗
```
    5
×   1
```

㉘
```
    1
×   4
```

㉙
```
    6
×   3
```

㉚
```
    3
×   6
```

㉛
```
    2
×   8
```

㉜
```
    0
×   1
```

㉝
```
    1
×   4
```

㉞
```
    7
×   0
```

㉟
```
    5
×   7
```

①
```
    1
×   4
____
```

②
```
    0
×   3
____
```

③
```
    6
×   2
____
```

④
```
    9
×   7
____
```

⑤
```
    6
×   9
____
```

⑥
```
    8
×   6
____
```

⑦
```
    7
×   4
____
```

⑧
```
    6
×   7
____
```

⑨
```
    2
×   3
____
```

⑩
```
    8
×   8
____
```

⑪
```
    5
×   4
____
```

⑫
```
    6
×   7
____
```

⑬
```
    9
×  10
____
```

⑭
```
    7
×   9
____
```

⑮
```
    2
×  10
____
```

⑯
```
    5
×   1
____
```

⑰
```
    0
×   5
____
```

⑱
```
    4
×   3
____
```

⑲
```
    0
×   0
____
```

⑳
```
   10
×   7
____
```

㉑
```
    3
×   8
____
```

㉒
```
    0
×   9
____
```

㉓
```
    9
×   5
____
```

㉔
```
    7
×  10
____
```

㉕
```
    6
×   8
____
```

㉖
```
    5
×   7
____
```

㉗
```
    4
×   1
____
```

㉘
```
    4
×   8
____
```

㉙
```
    7
×   2
____
```

㉚
```
    0
×   0
____
```

㉛
```
    3
×   7
____
```

㉜
```
   10
×   0
____
```

㉝
```
    0
×   2
____
```

㉞
```
    4
×   4
____
```

㉟
```
    4
×  10
____
```

①
$$\begin{array}{r} 10 \\ \times\ 1 \\ \hline \end{array}$$

②
$$\begin{array}{r} 3 \\ \times\ 1 \\ \hline \end{array}$$

③
$$\begin{array}{r} 4 \\ \times\ 8 \\ \hline \end{array}$$

④
$$\begin{array}{r} 5 \\ \times\ 4 \\ \hline \end{array}$$

⑤
$$\begin{array}{r} 5 \\ \times\ 0 \\ \hline \end{array}$$

⑥
$$\begin{array}{r} 4 \\ \times\ 4 \\ \hline \end{array}$$

⑦
$$\begin{array}{r} 3 \\ \times\ 2 \\ \hline \end{array}$$

⑧
$$\begin{array}{r} 6 \\ \times\ 2 \\ \hline \end{array}$$

⑨
$$\begin{array}{r} 7 \\ \times\ 0 \\ \hline \end{array}$$

⑩
$$\begin{array}{r} 0 \\ \times\ 9 \\ \hline \end{array}$$

⑪
$$\begin{array}{r} 7 \\ \times\ 0 \\ \hline \end{array}$$

⑫
$$\begin{array}{r} 6 \\ \times\ 7 \\ \hline \end{array}$$

⑬
$$\begin{array}{r} 4 \\ \times\ 7 \\ \hline \end{array}$$

⑭
$$\begin{array}{r} 2 \\ \times\ 10 \\ \hline \end{array}$$

⑮
$$\begin{array}{r} 1 \\ \times\ 7 \\ \hline \end{array}$$

⑯
$$\begin{array}{r} 10 \\ \times\ 5 \\ \hline \end{array}$$

⑰
$$\begin{array}{r} 8 \\ \times\ 6 \\ \hline \end{array}$$

⑱
$$\begin{array}{r} 4 \\ \times\ 9 \\ \hline \end{array}$$

⑲
$$\begin{array}{r} 2 \\ \times\ 1 \\ \hline \end{array}$$

⑳
$$\begin{array}{r} 8 \\ \times\ 10 \\ \hline \end{array}$$

㉑
$$\begin{array}{r} 2 \\ \times\ 5 \\ \hline \end{array}$$

㉒
$$\begin{array}{r} 2 \\ \times\ 4 \\ \hline \end{array}$$

㉓
$$\begin{array}{r} 7 \\ \times\ 1 \\ \hline \end{array}$$

㉔
$$\begin{array}{r} 8 \\ \times\ 3 \\ \hline \end{array}$$

㉕
$$\begin{array}{r} 8 \\ \times\ 9 \\ \hline \end{array}$$

㉖
$$\begin{array}{r} 7 \\ \times\ 1 \\ \hline \end{array}$$

㉗
$$\begin{array}{r} 5 \\ \times\ 1 \\ \hline \end{array}$$

㉘
$$\begin{array}{r} 10 \\ \times\ 3 \\ \hline \end{array}$$

㉙
$$\begin{array}{r} 8 \\ \times\ 8 \\ \hline \end{array}$$

㉚
$$\begin{array}{r} 5 \\ \times\ 1 \\ \hline \end{array}$$

㉛
$$\begin{array}{r} 0 \\ \times\ 1 \\ \hline \end{array}$$

㉜
$$\begin{array}{r} 9 \\ \times\ 2 \\ \hline \end{array}$$

㉝
$$\begin{array}{r} 4 \\ \times\ 1 \\ \hline \end{array}$$

㉞
$$\begin{array}{r} 8 \\ \times\ 1 \\ \hline \end{array}$$

㉟
$$\begin{array}{r} 3 \\ \times\ 7 \\ \hline \end{array}$$

①
```
    5
×   1
____
```

②
```
    8
×   9
____
```

③
```
    9
×   7
____
```

④
```
    2
×  10
____
```

⑤
```
    5
×   4
____
```

⑥
```
    0
×   8
____
```

⑦
```
    6
×   3
____
```

⑧
```
    0
×   4
____
```

⑨
```
    2
×   1
____
```

⑩
```
    3
×   0
____
```

⑪
```
    1
×  10
____
```

⑫
```
    6
×   0
____
```

⑬
```
    3
×  10
____
```

⑭
```
    4
×   8
____
```

⑮
```
    6
×   1
____
```

⑯
```
    5
×   8
____
```

⑰
```
    5
×   3
____
```

⑱
```
    8
×   2
____
```

⑲
```
    0
×   5
____
```

⑳
```
    5
×   7
____
```

㉑
```
   10
×   5
____
```

㉒
```
    5
×   4
____
```

㉓
```
    5
×   6
____
```

㉔
```
    6
×   6
____
```

㉕
```
   10
×   6
____
```

㉖
```
    3
×  10
____
```

㉗
```
    7
×   4
____
```

㉘
```
    1
×   1
____
```

㉙
```
    5
×   4
____
```

㉚
```
    9
×   9
____
```

㉛
```
    2
×   7
____
```

㉜
```
    7
×   7
____
```

㉝
```
    3
×   2
____
```

㉞
```
    1
×   3
____
```

㉟
```
    2
×  10
____
```

①
$$\begin{array}{r} 1 \\ \times\ 10 \\ \hline \end{array}$$

②
$$\begin{array}{r} 3 \\ \times\ 8 \\ \hline \end{array}$$

③
$$\begin{array}{r} 8 \\ \times\ 1 \\ \hline \end{array}$$

④
$$\begin{array}{r} 1 \\ \times\ 1 \\ \hline \end{array}$$

⑤
$$\begin{array}{r} 3 \\ \times\ 5 \\ \hline \end{array}$$

⑥
$$\begin{array}{r} 4 \\ \times\ 8 \\ \hline \end{array}$$

⑦
$$\begin{array}{r} 8 \\ \times\ 1 \\ \hline \end{array}$$

⑧
$$\begin{array}{r} 5 \\ \times\ 3 \\ \hline \end{array}$$

⑨
$$\begin{array}{r} 10 \\ \times\ 7 \\ \hline \end{array}$$

⑩
$$\begin{array}{r} 7 \\ \times\ 8 \\ \hline \end{array}$$

⑪
$$\begin{array}{r} 10 \\ \times\ 5 \\ \hline \end{array}$$

⑫
$$\begin{array}{r} 7 \\ \times\ 4 \\ \hline \end{array}$$

⑬
$$\begin{array}{r} 3 \\ \times\ 10 \\ \hline \end{array}$$

⑭
$$\begin{array}{r} 7 \\ \times\ 10 \\ \hline \end{array}$$

⑮
$$\begin{array}{r} 8 \\ \times\ 9 \\ \hline \end{array}$$

⑯
$$\begin{array}{r} 4 \\ \times\ 5 \\ \hline \end{array}$$

⑰
$$\begin{array}{r} 2 \\ \times\ 5 \\ \hline \end{array}$$

⑱
$$\begin{array}{r} 7 \\ \times\ 10 \\ \hline \end{array}$$

⑲
$$\begin{array}{r} 7 \\ \times\ 3 \\ \hline \end{array}$$

⑳
$$\begin{array}{r} 4 \\ \times\ 0 \\ \hline \end{array}$$

㉑
$$\begin{array}{r} 3 \\ \times\ 1 \\ \hline \end{array}$$

㉒
$$\begin{array}{r} 1 \\ \times\ 0 \\ \hline \end{array}$$

㉓
$$\begin{array}{r} 8 \\ \times\ 8 \\ \hline \end{array}$$

㉔
$$\begin{array}{r} 4 \\ \times\ 4 \\ \hline \end{array}$$

㉕
$$\begin{array}{r} 9 \\ \times\ 4 \\ \hline \end{array}$$

㉖
$$\begin{array}{r} 9 \\ \times\ 0 \\ \hline \end{array}$$

㉗
$$\begin{array}{r} 1 \\ \times\ 6 \\ \hline \end{array}$$

㉘
$$\begin{array}{r} 8 \\ \times\ 2 \\ \hline \end{array}$$

㉙
$$\begin{array}{r} 6 \\ \times\ 5 \\ \hline \end{array}$$

㉚
$$\begin{array}{r} 10 \\ \times\ 3 \\ \hline \end{array}$$

㉛
$$\begin{array}{r} 2 \\ \times\ 8 \\ \hline \end{array}$$

㉜
$$\begin{array}{r} 2 \\ \times\ 3 \\ \hline \end{array}$$

㉝
$$\begin{array}{r} 1 \\ \times\ 4 \\ \hline \end{array}$$

㉞
$$\begin{array}{r} 4 \\ \times\ 1 \\ \hline \end{array}$$

㉟
$$\begin{array}{r} 3 \\ \times\ 3 \\ \hline \end{array}$$

①
$$\begin{array}{r} 6 \\ \times\ 10 \\ \hline \end{array}$$

②
$$\begin{array}{r} 7 \\ \times\ 6 \\ \hline \end{array}$$

③
$$\begin{array}{r} 5 \\ \times\ 9 \\ \hline \end{array}$$

④
$$\begin{array}{r} 8 \\ \times\ 6 \\ \hline \end{array}$$

⑤
$$\begin{array}{r} 4 \\ \times\ 4 \\ \hline \end{array}$$

⑥
$$\begin{array}{r} 9 \\ \times\ 10 \\ \hline \end{array}$$

⑦
$$\begin{array}{r} 3 \\ \times\ 8 \\ \hline \end{array}$$

⑧
$$\begin{array}{r} 4 \\ \times\ 4 \\ \hline \end{array}$$

⑨
$$\begin{array}{r} 1 \\ \times\ 9 \\ \hline \end{array}$$

⑩
$$\begin{array}{r} 8 \\ \times\ 10 \\ \hline \end{array}$$

⑪
$$\begin{array}{r} 6 \\ \times\ 7 \\ \hline \end{array}$$

⑫
$$\begin{array}{r} 0 \\ \times\ 1 \\ \hline \end{array}$$

⑬
$$\begin{array}{r} 10 \\ \times\ 3 \\ \hline \end{array}$$

⑭
$$\begin{array}{r} 0 \\ \times\ 7 \\ \hline \end{array}$$

⑮
$$\begin{array}{r} 4 \\ \times\ 9 \\ \hline \end{array}$$

⑯
$$\begin{array}{r} 6 \\ \times\ 8 \\ \hline \end{array}$$

⑰
$$\begin{array}{r} 6 \\ \times\ 8 \\ \hline \end{array}$$

⑱
$$\begin{array}{r} 4 \\ \times\ 7 \\ \hline \end{array}$$

⑲
$$\begin{array}{r} 5 \\ \times\ 2 \\ \hline \end{array}$$

⑳
$$\begin{array}{r} 0 \\ \times\ 4 \\ \hline \end{array}$$

㉑
$$\begin{array}{r} 8 \\ \times\ 3 \\ \hline \end{array}$$

㉒
$$\begin{array}{r} 9 \\ \times\ 8 \\ \hline \end{array}$$

㉓
$$\begin{array}{r} 6 \\ \times\ 6 \\ \hline \end{array}$$

㉔
$$\begin{array}{r} 9 \\ \times\ 9 \\ \hline \end{array}$$

㉕
$$\begin{array}{r} 7 \\ \times\ 1 \\ \hline \end{array}$$

㉖
$$\begin{array}{r} 5 \\ \times\ 10 \\ \hline \end{array}$$

㉗
$$\begin{array}{r} 6 \\ \times\ 4 \\ \hline \end{array}$$

㉘
$$\begin{array}{r} 5 \\ \times\ 2 \\ \hline \end{array}$$

㉙
$$\begin{array}{r} 5 \\ \times\ 1 \\ \hline \end{array}$$

㉚
$$\begin{array}{r} 2 \\ \times\ 0 \\ \hline \end{array}$$

㉛
$$\begin{array}{r} 4 \\ \times\ 4 \\ \hline \end{array}$$

㉜
$$\begin{array}{r} 9 \\ \times\ 4 \\ \hline \end{array}$$

㉝
$$\begin{array}{r} 1 \\ \times\ 6 \\ \hline \end{array}$$

㉞
$$\begin{array}{r} 1 \\ \times\ 9 \\ \hline \end{array}$$

㉟
$$\begin{array}{r} 3 \\ \times\ 2 \\ \hline \end{array}$$

①
$$\begin{array}{r} 4 \\ \times\ 5 \\ \hline \end{array}$$

②
$$\begin{array}{r} 3 \\ \times\ 8 \\ \hline \end{array}$$

③
$$\begin{array}{r} 9 \\ \times\ 8 \\ \hline \end{array}$$

④
$$\begin{array}{r} 3 \\ \times\ 6 \\ \hline \end{array}$$

⑤
$$\begin{array}{r} 4 \\ \times\ 2 \\ \hline \end{array}$$

⑥
$$\begin{array}{r} 2 \\ \times\ 8 \\ \hline \end{array}$$

⑦
$$\begin{array}{r} 7 \\ \times\ 7 \\ \hline \end{array}$$

⑧
$$\begin{array}{r} 9 \\ \times\ 3 \\ \hline \end{array}$$

⑨
$$\begin{array}{r} 10 \\ \times\ 4 \\ \hline \end{array}$$

⑩
$$\begin{array}{r} 6 \\ \times\ 6 \\ \hline \end{array}$$

⑪
$$\begin{array}{r} 5 \\ \times\ 6 \\ \hline \end{array}$$

⑫
$$\begin{array}{r} 4 \\ \times\ 6 \\ \hline \end{array}$$

⑬
$$\begin{array}{r} 9 \\ \times\ 4 \\ \hline \end{array}$$

⑭
$$\begin{array}{r} 3 \\ \times\ 6 \\ \hline \end{array}$$

⑮
$$\begin{array}{r} 6 \\ \times\ 6 \\ \hline \end{array}$$

⑯
$$\begin{array}{r} 6 \\ \times\ 9 \\ \hline \end{array}$$

⑰
$$\begin{array}{r} 2 \\ \times\ 7 \\ \hline \end{array}$$

⑱
$$\begin{array}{r} 6 \\ \times\ 6 \\ \hline \end{array}$$

⑲
$$\begin{array}{r} 4 \\ \times\ 10 \\ \hline \end{array}$$

⑳
$$\begin{array}{r} 6 \\ \times\ 4 \\ \hline \end{array}$$

㉑
$$\begin{array}{r} 2 \\ \times\ 6 \\ \hline \end{array}$$

㉒
$$\begin{array}{r} 3 \\ \times\ 3 \\ \hline \end{array}$$

㉓
$$\begin{array}{r} 6 \\ \times\ 4 \\ \hline \end{array}$$

㉔
$$\begin{array}{r} 8 \\ \times\ 7 \\ \hline \end{array}$$

㉕
$$\begin{array}{r} 3 \\ \times\ 4 \\ \hline \end{array}$$

㉖
$$\begin{array}{r} 8 \\ \times\ 10 \\ \hline \end{array}$$

㉗
$$\begin{array}{r} 10 \\ \times\ 5 \\ \hline \end{array}$$

㉘
$$\begin{array}{r} 2 \\ \times\ 2 \\ \hline \end{array}$$

㉙
$$\begin{array}{r} 6 \\ \times\ 2 \\ \hline \end{array}$$

㉚
$$\begin{array}{r} 5 \\ \times\ 4 \\ \hline \end{array}$$

㉛
$$\begin{array}{r} 4 \\ \times\ 6 \\ \hline \end{array}$$

㉜
$$\begin{array}{r} 3 \\ \times\ 3 \\ \hline \end{array}$$

㉝
$$\begin{array}{r} 8 \\ \times\ 10 \\ \hline \end{array}$$

㉞
$$\begin{array}{r} 3 \\ \times\ 7 \\ \hline \end{array}$$

㉟
$$\begin{array}{r} 6 \\ \times\ 10 \\ \hline \end{array}$$

①
```
    8
×   8
```

②
```
    8
×   3
```

③
```
    9
×   4
```

④
```
    7
×   6
```

⑤
```
    4
×   2
```

⑥
```
    8
×   7
```

⑦
```
   10
×   9
```

⑧
```
    8
×   2
```

⑨
```
    9
×   5
```

⑩
```
    5
×   6
```

⑪
```
    8
×   6
```

⑫
```
    8
×   4
```

⑬
```
    7
×   4
```

⑭
```
    2
×   2
```

⑮
```
    8
×   2
```

⑯
```
    5
×   2
```

⑰
```
    4
×   4
```

⑱
```
    4
×   3
```

⑲
```
    7
×   6
```

⑳
```
    8
×   8
```

㉑
```
    4
×   5
```

㉒
```
    9
×   9
```

㉓
```
    2
×   6
```

㉔
```
    6
×   8
```

㉕
```
    9
×   6
```

㉖
```
    3
×   3
```

㉗
```
    7
×   7
```

㉘
```
    3
×   3
```

㉙
```
    6
×   2
```

㉚
```
    9
×   4
```

㉛
```
    3
×   4
```

㉜
```
    9
×   5
```

㉝
```
    5
×   8
```

㉞
```
   10
×   6
```

㉟
```
    7
×   4
```

①
$$\begin{array}{r} 2 \\ \times\ 6 \\ \hline \end{array}$$

②
$$\begin{array}{r} 2 \\ \times\ 7 \\ \hline \end{array}$$

③
$$\begin{array}{r} 4 \\ \times\ 9 \\ \hline \end{array}$$

④
$$\begin{array}{r} 7 \\ \times\ 3 \\ \hline \end{array}$$

⑤
$$\begin{array}{r} 9 \\ \times\ 8 \\ \hline \end{array}$$

⑥
$$\begin{array}{r} 7 \\ \times\ 7 \\ \hline \end{array}$$

⑦
$$\begin{array}{r} 4 \\ \times\ 10 \\ \hline \end{array}$$

⑧
$$\begin{array}{r} 3 \\ \times\ 4 \\ \hline \end{array}$$

⑨
$$\begin{array}{r} 2 \\ \times\ 9 \\ \hline \end{array}$$

⑩
$$\begin{array}{r} 4 \\ \times\ 5 \\ \hline \end{array}$$

⑪
$$\begin{array}{r} 9 \\ \times\ 2 \\ \hline \end{array}$$

⑫
$$\begin{array}{r} 6 \\ \times\ 3 \\ \hline \end{array}$$

⑬
$$\begin{array}{r} 4 \\ \times\ 2 \\ \hline \end{array}$$

⑭
$$\begin{array}{r} 9 \\ \times\ 7 \\ \hline \end{array}$$

⑮
$$\begin{array}{r} 3 \\ \times\ 4 \\ \hline \end{array}$$

⑯
$$\begin{array}{r} 9 \\ \times\ 8 \\ \hline \end{array}$$

⑰
$$\begin{array}{r} 2 \\ \times\ 3 \\ \hline \end{array}$$

⑱
$$\begin{array}{r} 3 \\ \times\ 10 \\ \hline \end{array}$$

⑲
$$\begin{array}{r} 2 \\ \times\ 7 \\ \hline \end{array}$$

⑳
$$\begin{array}{r} 2 \\ \times\ 10 \\ \hline \end{array}$$

㉑
$$\begin{array}{r} 5 \\ \times\ 7 \\ \hline \end{array}$$

㉒
$$\begin{array}{r} 9 \\ \times\ 6 \\ \hline \end{array}$$

㉓
$$\begin{array}{r} 8 \\ \times\ 9 \\ \hline \end{array}$$

㉔
$$\begin{array}{r} 5 \\ \times\ 8 \\ \hline \end{array}$$

㉕
$$\begin{array}{r} 8 \\ \times\ 7 \\ \hline \end{array}$$

㉖
$$\begin{array}{r} 8 \\ \times\ 3 \\ \hline \end{array}$$

㉗
$$\begin{array}{r} 10 \\ \times\ 6 \\ \hline \end{array}$$

㉘
$$\begin{array}{r} 5 \\ \times\ 6 \\ \hline \end{array}$$

㉙
$$\begin{array}{r} 6 \\ \times\ 8 \\ \hline \end{array}$$

㉚
$$\begin{array}{r} 3 \\ \times\ 3 \\ \hline \end{array}$$

㉛
$$\begin{array}{r} 4 \\ \times\ 2 \\ \hline \end{array}$$

㉜
$$\begin{array}{r} 3 \\ \times\ 7 \\ \hline \end{array}$$

㉝
$$\begin{array}{r} 4 \\ \times\ 4 \\ \hline \end{array}$$

㉞
$$\begin{array}{r} 6 \\ \times\ 4 \\ \hline \end{array}$$

㉟
$$\begin{array}{r} 6 \\ \times\ 5 \\ \hline \end{array}$$

①
$$\begin{array}{r} 6 \\ \times\ 5 \\ \hline \end{array}$$

②
$$\begin{array}{r} 9 \\ \times\ 8 \\ \hline \end{array}$$

③
$$\begin{array}{r} 9 \\ \times\ 4 \\ \hline \end{array}$$

④
$$\begin{array}{r} 6 \\ \times\ 9 \\ \hline \end{array}$$

⑤
$$\begin{array}{r} 8 \\ \times\ 7 \\ \hline \end{array}$$

⑥
$$\begin{array}{r} 7 \\ \times\ 9 \\ \hline \end{array}$$

⑦
$$\begin{array}{r} 6 \\ \times\ 7 \\ \hline \end{array}$$

⑧
$$\begin{array}{r} 6 \\ \times\ 5 \\ \hline \end{array}$$

⑨
$$\begin{array}{r} 3 \\ \times\ 9 \\ \hline \end{array}$$

⑩
$$\begin{array}{r} 7 \\ \times\ 9 \\ \hline \end{array}$$

⑪
$$\begin{array}{r} 4 \\ \times\ 2 \\ \hline \end{array}$$

⑫
$$\begin{array}{r} 6 \\ \times\ 7 \\ \hline \end{array}$$

⑬
$$\begin{array}{r} 3 \\ \times\ 10 \\ \hline \end{array}$$

⑭
$$\begin{array}{r} 2 \\ \times\ 7 \\ \hline \end{array}$$

⑮
$$\begin{array}{r} 2 \\ \times\ 5 \\ \hline \end{array}$$

⑯
$$\begin{array}{r} 8 \\ \times\ 6 \\ \hline \end{array}$$

⑰
$$\begin{array}{r} 5 \\ \times\ 8 \\ \hline \end{array}$$

⑱
$$\begin{array}{r} 9 \\ \times\ 10 \\ \hline \end{array}$$

⑲
$$\begin{array}{r} 4 \\ \times\ 10 \\ \hline \end{array}$$

⑳
$$\begin{array}{r} 7 \\ \times\ 2 \\ \hline \end{array}$$

㉑
$$\begin{array}{r} 4 \\ \times\ 5 \\ \hline \end{array}$$

㉒
$$\begin{array}{r} 2 \\ \times\ 8 \\ \hline \end{array}$$

㉓
$$\begin{array}{r} 6 \\ \times\ 8 \\ \hline \end{array}$$

㉔
$$\begin{array}{r} 9 \\ \times\ 6 \\ \hline \end{array}$$

㉕
$$\begin{array}{r} 7 \\ \times\ 4 \\ \hline \end{array}$$

㉖
$$\begin{array}{r} 4 \\ \times\ 2 \\ \hline \end{array}$$

㉗
$$\begin{array}{r} 10 \\ \times\ 3 \\ \hline \end{array}$$

㉘
$$\begin{array}{r} 10 \\ \times\ 6 \\ \hline \end{array}$$

㉙
$$\begin{array}{r} 6 \\ \times\ 10 \\ \hline \end{array}$$

㉚
$$\begin{array}{r} 10 \\ \times\ 3 \\ \hline \end{array}$$

㉛
$$\begin{array}{r} 7 \\ \times\ 2 \\ \hline \end{array}$$

㉜
$$\begin{array}{r} 2 \\ \times\ 6 \\ \hline \end{array}$$

㉝
$$\begin{array}{r} 6 \\ \times\ 7 \\ \hline \end{array}$$

㉞
$$\begin{array}{r} 3 \\ \times\ 7 \\ \hline \end{array}$$

㉟
$$\begin{array}{r} 7 \\ \times\ 6 \\ \hline \end{array}$$

①
  9
× 6

②
  8
× 2

③
  7
× 9

④
  6
× 9

⑤
  9
× 4

⑥
  6
× 6

⑦
  5
× 4

⑧
  6
× 5

⑨
  3
× 10

⑩
  2
× 8

⑪
  2
× 5

⑫
  2
× 6

⑬
  5
× 9

⑭
  7
× 8

⑮
  5
× 5

⑯
  2
× 8

⑰
  3
× 8

⑱
  7
× 4

⑲
  2
× 7

⑳
  10
× 3

㉑
  7
× 5

㉒
  8
× 4

㉓
  8
× 9

㉔
  10
× 5

㉕
  5
× 3

㉖
  9
× 6

㉗
  2
× 10

㉘
  8
× 7

㉙
  10
× 2

㉚
  4
× 2

㉛
  7
× 9

㉜
  4
× 9

㉝
  2
× 7

㉞
  7
× 10

㉟
  8
× 8

①
6
× 10

②
6
× 8

③
3
× 2

④
7
× 2

⑤
5
× 9

⑥
4
× 3

⑦
10
× 4

⑧
4
× 3

⑨
9
× 10

⑩
7
× 4

⑪
9
× 8

⑫
8
× 5

⑬
3
× 9

⑭
2
× 2

⑮
8
× 5

⑯
4
× 4

⑰
8
× 9

⑱
9
× 2

⑲
9
× 10

⑳
7
× 7

㉑
4
× 2

㉒
4
× 3

㉓
4
× 10

㉔
9
× 8

㉕
7
× 2

㉖
10
× 3

㉗
5
× 2

㉘
3
× 3

㉙
8
× 8

㉚
7
× 6

㉛
4
× 9

㉜
6
× 8

㉝
4
× 9

㉞
6
× 4

㉟
4
× 8

①
```
      6
  ×   9
```

②
```
     10
  ×   5
```

③
```
      8
  ×   3
```

④
```
      3
  ×   4
```

⑤
```
      9
  ×  10
```

⑥
```
      4
  ×   6
```

⑦
```
      2
  ×   4
```

⑧
```
      9
  ×   9
```

⑨
```
      3
  ×   4
```

⑩
```
      8
  ×   3
```

⑪
```
      3
  ×   5
```

⑫
```
      6
  ×   4
```

⑬
```
     10
  ×   4
```

⑭
```
      4
  ×   5
```

⑮
```
      5
  ×   9
```

⑯
```
      7
  ×   8
```

⑰
```
      5
  ×   9
```

⑱
```
      7
  ×   7
```

⑲
```
      2
  ×   4
```

⑳
```
      5
  ×   7
```

㉑
```
      6
  ×  10
```

㉒
```
      6
  ×   6
```

㉓
```
      7
  ×   5
```

㉔
```
      4
  ×   7
```

㉕
```
      8
  ×   3
```

㉖
```
      4
  ×   9
```

㉗
```
      3
  ×  10
```

㉘
```
      5
  ×  10
```

㉙
```
      2
  ×   9
```

㉚
```
      7
  ×   2
```

㉛
```
      6
  ×  10
```

㉜
```
      6
  ×   4
```

㉝
```
      8
  ×   7
```

㉞
```
      6
  ×   6
```

㉟
```
      2
  ×   4
```

①
```
     3
×    4
```

②
```
     5
×    2
```

③
```
     4
×   10
```

④
```
     8
×    8
```

⑤
```
     4
×    9
```

⑥
```
     3
×    4
```

⑦
```
     6
×    3
```

⑧
```
     3
×   10
```

⑨
```
     8
×    9
```

⑩
```
     3
×    9
```

⑪
```
     9
×    2
```

⑫
```
     8
×    3
```

⑬
```
     4
×    7
```

⑭
```
     6
×    4
```

⑮
```
     3
×    9
```

⑯
```
     4
×    4
```

⑰
```
     3
×   10
```

⑱
```
     9
×    7
```

⑲
```
     7
×    8
```

⑳
```
     6
×    7
```

㉑
```
     8
×    8
```

㉒
```
     5
×    3
```

㉓
```
     2
×    4
```

㉔
```
     4
×    7
```

㉕
```
     8
×    3
```

㉖
```
    10
×    5
```

㉗
```
     4
×    4
```

㉘
```
     2
×    4
```

㉙
```
     6
×    9
```

㉚
```
     8
×    6
```

㉛
```
     5
×    6
```

㉜
```
     5
×    4
```

㉝
```
     8
×    5
```

㉞
```
     6
×   10
```

㉟
```
     6
×    7
```

①
$$\begin{array}{r} 2 \\ \times\ 3 \\ \hline \end{array}$$

②
$$\begin{array}{r} 9 \\ \times\ 5 \\ \hline \end{array}$$

③
$$\begin{array}{r} 9 \\ \times\ 4 \\ \hline \end{array}$$

④
$$\begin{array}{r} 4 \\ \times\ 2 \\ \hline \end{array}$$

⑤
$$\begin{array}{r} 4 \\ \times\ 8 \\ \hline \end{array}$$

⑥
$$\begin{array}{r} 8 \\ \times\ 9 \\ \hline \end{array}$$

⑦
$$\begin{array}{r} 9 \\ \times\ 9 \\ \hline \end{array}$$

⑧
$$\begin{array}{r} 3 \\ \times\ 4 \\ \hline \end{array}$$

⑨
$$\begin{array}{r} 4 \\ \times\ 3 \\ \hline \end{array}$$

⑩
$$\begin{array}{r} 10 \\ \times\ 5 \\ \hline \end{array}$$

⑪
$$\begin{array}{r} 4 \\ \times\ 3 \\ \hline \end{array}$$

⑫
$$\begin{array}{r} 2 \\ \times\ 8 \\ \hline \end{array}$$

⑬
$$\begin{array}{r} 4 \\ \times\ 3 \\ \hline \end{array}$$

⑭
$$\begin{array}{r} 2 \\ \times\ 4 \\ \hline \end{array}$$

⑮
$$\begin{array}{r} 7 \\ \times\ 5 \\ \hline \end{array}$$

⑯
$$\begin{array}{r} 4 \\ \times\ 3 \\ \hline \end{array}$$

⑰
$$\begin{array}{r} 8 \\ \times\ 6 \\ \hline \end{array}$$

⑱
$$\begin{array}{r} 4 \\ \times\ 6 \\ \hline \end{array}$$

⑲
$$\begin{array}{r} 5 \\ \times\ 2 \\ \hline \end{array}$$

⑳
$$\begin{array}{r} 6 \\ \times\ 3 \\ \hline \end{array}$$

㉑
$$\begin{array}{r} 7 \\ \times\ 5 \\ \hline \end{array}$$

㉒
$$\begin{array}{r} 8 \\ \times\ 6 \\ \hline \end{array}$$

㉓
$$\begin{array}{r} 8 \\ \times\ 8 \\ \hline \end{array}$$

㉔
$$\begin{array}{r} 9 \\ \times\ 5 \\ \hline \end{array}$$

㉕
$$\begin{array}{r} 4 \\ \times\ 7 \\ \hline \end{array}$$

㉖
$$\begin{array}{r} 6 \\ \times\ 7 \\ \hline \end{array}$$

㉗
$$\begin{array}{r} 4 \\ \times\ 8 \\ \hline \end{array}$$

㉘
$$\begin{array}{r} 8 \\ \times\ 3 \\ \hline \end{array}$$

㉙
$$\begin{array}{r} 6 \\ \times\ 8 \\ \hline \end{array}$$

㉚
$$\begin{array}{r} 5 \\ \times\ 10 \\ \hline \end{array}$$

㉛
$$\begin{array}{r} 9 \\ \times\ 8 \\ \hline \end{array}$$

㉜
$$\begin{array}{r} 10 \\ \times\ 8 \\ \hline \end{array}$$

㉝
$$\begin{array}{r} 2 \\ \times\ 7 \\ \hline \end{array}$$

㉞
$$\begin{array}{r} 4 \\ \times\ 2 \\ \hline \end{array}$$

㉟
$$\begin{array}{r} 4 \\ \times\ 2 \\ \hline \end{array}$$

①
$$\begin{array}{r} 4 \\ \times\ 7 \\ \hline \end{array}$$

②
$$\begin{array}{r} 10 \\ \times\ 2 \\ \hline \end{array}$$

③
$$\begin{array}{r} 8 \\ \times\ 8 \\ \hline \end{array}$$

④
$$\begin{array}{r} 4 \\ \times\ 7 \\ \hline \end{array}$$

⑤
$$\begin{array}{r} 6 \\ \times\ 2 \\ \hline \end{array}$$

⑥
$$\begin{array}{r} 5 \\ \times\ 10 \\ \hline \end{array}$$

⑦
$$\begin{array}{r} 2 \\ \times\ 10 \\ \hline \end{array}$$

⑧
$$\begin{array}{r} 3 \\ \times\ 10 \\ \hline \end{array}$$

⑨
$$\begin{array}{r} 5 \\ \times\ 5 \\ \hline \end{array}$$

⑩
$$\begin{array}{r} 7 \\ \times\ 2 \\ \hline \end{array}$$

⑪
$$\begin{array}{r} 3 \\ \times\ 5 \\ \hline \end{array}$$

⑫
$$\begin{array}{r} 2 \\ \times\ 2 \\ \hline \end{array}$$

⑬
$$\begin{array}{r} 7 \\ \times\ 7 \\ \hline \end{array}$$

⑭
$$\begin{array}{r} 2 \\ \times\ 6 \\ \hline \end{array}$$

⑮
$$\begin{array}{r} 5 \\ \times\ 8 \\ \hline \end{array}$$

⑯
$$\begin{array}{r} 8 \\ \times\ 3 \\ \hline \end{array}$$

⑰
$$\begin{array}{r} 3 \\ \times\ 2 \\ \hline \end{array}$$

⑱
$$\begin{array}{r} 10 \\ \times\ 3 \\ \hline \end{array}$$

⑲
$$\begin{array}{r} 2 \\ \times\ 2 \\ \hline \end{array}$$

⑳
$$\begin{array}{r} 6 \\ \times\ 7 \\ \hline \end{array}$$

㉑
$$\begin{array}{r} 7 \\ \times\ 6 \\ \hline \end{array}$$

㉒
$$\begin{array}{r} 2 \\ \times\ 10 \\ \hline \end{array}$$

㉓
$$\begin{array}{r} 2 \\ \times\ 7 \\ \hline \end{array}$$

㉔
$$\begin{array}{r} 5 \\ \times\ 5 \\ \hline \end{array}$$

㉕
$$\begin{array}{r} 5 \\ \times\ 8 \\ \hline \end{array}$$

㉖
$$\begin{array}{r} 10 \\ \times\ 5 \\ \hline \end{array}$$

㉗
$$\begin{array}{r} 6 \\ \times\ 6 \\ \hline \end{array}$$

㉘
$$\begin{array}{r} 8 \\ \times\ 7 \\ \hline \end{array}$$

㉙
$$\begin{array}{r} 8 \\ \times\ 8 \\ \hline \end{array}$$

㉚
$$\begin{array}{r} 9 \\ \times\ 5 \\ \hline \end{array}$$

㉛
$$\begin{array}{r} 2 \\ \times\ 3 \\ \hline \end{array}$$

㉜
$$\begin{array}{r} 3 \\ \times\ 5 \\ \hline \end{array}$$

㉝
$$\begin{array}{r} 10 \\ \times\ 4 \\ \hline \end{array}$$

㉞
$$\begin{array}{r} 10 \\ \times\ 5 \\ \hline \end{array}$$

㉟
$$\begin{array}{r} 4 \\ \times\ 7 \\ \hline \end{array}$$

①
```
      3
  ×   7
```

②
```
      4
  ×  10
```

③
```
      5
  ×   3
```

④
```
      7
  ×  10
```

⑤
```
      4
  ×   8
```

⑥
```
      4
  ×   2
```

⑦
```
     10
  ×   2
```

⑧
```
      3
  ×   8
```

⑨
```
      7
  ×   7
```

⑩
```
      6
  ×   6
```

⑪
```
      4
  ×   6
```

⑫
```
      2
  ×  10
```

⑬
```
      3
  ×  10
```

⑭
```
      4
  ×   7
```

⑮
```
      3
  ×   3
```

⑯
```
      2
  ×   6
```

⑰
```
      3
  ×   8
```

⑱
```
      9
  ×   6
```

⑲
```
      9
  ×   5
```

⑳
```
      2
  ×   5
```

㉑
```
      3
  ×   7
```

㉒
```
      2
  ×  10
```

㉓
```
      9
  ×   8
```

㉔
```
      3
  ×   8
```

㉕
```
      3
  ×  10
```

㉖
```
      5
  ×   2
```

㉗
```
      3
  ×   2
```

㉘
```
      8
  ×   4
```

㉙
```
      8
  ×   8
```

㉚
```
      9
  ×   9
```

㉛
```
      2
  ×   7
```

㉜
```
      2
  ×   3
```

㉝
```
      4
  ×   4
```

㉞
```
      9
  ×   7
```

㉟
```
      4
  ×   8
```

①   ②   ③   ④   ⑤   ⑥   ⑦

$$\begin{array}{r} 8 \\ \times\ 4 \\ \hline \end{array} \quad \begin{array}{r} 9 \\ \times\ 8 \\ \hline \end{array} \quad \begin{array}{r} 5 \\ \times\ 2 \\ \hline \end{array} \quad \begin{array}{r} 5 \\ \times\ 3 \\ \hline \end{array} \quad \begin{array}{r} 4 \\ \times\ 8 \\ \hline \end{array} \quad \begin{array}{r} 4 \\ \times\ 6 \\ \hline \end{array} \quad \begin{array}{r} 5 \\ \times\ 6 \\ \hline \end{array}$$

⑧   ⑨   ⑩   ⑪   ⑫   ⑬   ⑭

$$\begin{array}{r} 2 \\ \times\ 5 \\ \hline \end{array} \quad \begin{array}{r} 3 \\ \times\ 7 \\ \hline \end{array} \quad \begin{array}{r} 6 \\ \times\ 4 \\ \hline \end{array} \quad \begin{array}{r} 8 \\ \times\ 9 \\ \hline \end{array} \quad \begin{array}{r} 4 \\ \times\ 2 \\ \hline \end{array} \quad \begin{array}{r} 7 \\ \times\ 2 \\ \hline \end{array} \quad \begin{array}{r} 8 \\ \times\ 9 \\ \hline \end{array}$$

⑮   ⑯   ⑰   ⑱   ⑲   ⑳   ㉑

$$\begin{array}{r} 8 \\ \times\ 9 \\ \hline \end{array} \quad \begin{array}{r} 4 \\ \times\ 8 \\ \hline \end{array} \quad \begin{array}{r} 7 \\ \times\ 8 \\ \hline \end{array} \quad \begin{array}{r} 5 \\ \times\ 5 \\ \hline \end{array} \quad \begin{array}{r} 3 \\ \times\ 8 \\ \hline \end{array} \quad \begin{array}{r} 3 \\ \times\ 3 \\ \hline \end{array} \quad \begin{array}{r} 3 \\ \times\ 2 \\ \hline \end{array}$$

㉒   ㉓   ㉔   ㉕   ㉖   ㉗   ㉘

$$\begin{array}{r} 4 \\ \times\ 4 \\ \hline \end{array} \quad \begin{array}{r} 4 \\ \times\ 8 \\ \hline \end{array} \quad \begin{array}{r} 8 \\ \times\ 3 \\ \hline \end{array} \quad \begin{array}{r} 10 \\ \times\ 7 \\ \hline \end{array} \quad \begin{array}{r} 6 \\ \times\ 10 \\ \hline \end{array} \quad \begin{array}{r} 5 \\ \times\ 9 \\ \hline \end{array} \quad \begin{array}{r} 10 \\ \times\ 10 \\ \hline \end{array}$$

㉙   ㉚   ㉛   ㉜   ㉝   ㉞   ㉟

$$\begin{array}{r} 9 \\ \times\ 9 \\ \hline \end{array} \quad \begin{array}{r} 7 \\ \times\ 4 \\ \hline \end{array} \quad \begin{array}{r} 5 \\ \times\ 4 \\ \hline \end{array} \quad \begin{array}{r} 4 \\ \times\ 2 \\ \hline \end{array} \quad \begin{array}{r} 2 \\ \times\ 2 \\ \hline \end{array} \quad \begin{array}{r} 3 \\ \times\ 5 \\ \hline \end{array} \quad \begin{array}{r} 10 \\ \times\ 4 \\ \hline \end{array}$$

①
7
× 9

②
7
× 6

③
5
× 10

④
8
× 5

⑤
6
× 10

⑥
8
× 2

⑦
3
× 2

⑧
6
× 5

⑨
3
× 6

⑩
4
× 2

⑪
4
× 6

⑫
10
× 5

⑬
6
× 4

⑭
8
× 2

⑮
6
× 2

⑯
8
× 4

⑰
9
× 5

⑱
8
× 3

⑲
8
× 9

⑳
4
× 3

㉑
8
× 6

㉒
5
× 9

㉓
3
× 5

㉔
8
× 10

㉕
5
× 4

㉖
6
× 2

㉗
4
× 3

㉘
2
× 8

㉙
8
× 8

㉚
10
× 10

㉛
8
× 8

㉜
2
× 8

㉝
2
× 5

㉞
6
× 2

㉟
8
× 8

①
$$\begin{array}{r} 6 \\ \times\ 6 \\ \hline \end{array}$$

②
$$\begin{array}{r} 8 \\ \times\ 10 \\ \hline \end{array}$$

③
$$\begin{array}{r} 7 \\ \times\ 10 \\ \hline \end{array}$$

④
$$\begin{array}{r} 6 \\ \times\ 7 \\ \hline \end{array}$$

⑤
$$\begin{array}{r} 9 \\ \times\ 7 \\ \hline \end{array}$$

⑥
$$\begin{array}{r} 10 \\ \times\ 2 \\ \hline \end{array}$$

⑦
$$\begin{array}{r} 10 \\ \times\ 5 \\ \hline \end{array}$$

⑧
$$\begin{array}{r} 9 \\ \times\ 9 \\ \hline \end{array}$$

⑨
$$\begin{array}{r} 5 \\ \times\ 10 \\ \hline \end{array}$$

⑩
$$\begin{array}{r} 10 \\ \times\ 8 \\ \hline \end{array}$$

⑪
$$\begin{array}{r} 6 \\ \times\ 6 \\ \hline \end{array}$$

⑫
$$\begin{array}{r} 3 \\ \times\ 7 \\ \hline \end{array}$$

⑬
$$\begin{array}{r} 2 \\ \times\ 3 \\ \hline \end{array}$$

⑭
$$\begin{array}{r} 4 \\ \times\ 8 \\ \hline \end{array}$$

⑮
$$\begin{array}{r} 3 \\ \times\ 4 \\ \hline \end{array}$$

⑯
$$\begin{array}{r} 4 \\ \times\ 9 \\ \hline \end{array}$$

⑰
$$\begin{array}{r} 9 \\ \times\ 8 \\ \hline \end{array}$$

⑱
$$\begin{array}{r} 3 \\ \times\ 8 \\ \hline \end{array}$$

⑲
$$\begin{array}{r} 2 \\ \times\ 4 \\ \hline \end{array}$$

⑳
$$\begin{array}{r} 2 \\ \times\ 5 \\ \hline \end{array}$$

㉑
$$\begin{array}{r} 2 \\ \times\ 5 \\ \hline \end{array}$$

㉒
$$\begin{array}{r} 4 \\ \times\ 6 \\ \hline \end{array}$$

㉓
$$\begin{array}{r} 9 \\ \times\ 8 \\ \hline \end{array}$$

㉔
$$\begin{array}{r} 8 \\ \times\ 5 \\ \hline \end{array}$$

㉕
$$\begin{array}{r} 2 \\ \times\ 5 \\ \hline \end{array}$$

㉖
$$\begin{array}{r} 4 \\ \times\ 7 \\ \hline \end{array}$$

㉗
$$\begin{array}{r} 5 \\ \times\ 4 \\ \hline \end{array}$$

㉘
$$\begin{array}{r} 6 \\ \times\ 9 \\ \hline \end{array}$$

㉙
$$\begin{array}{r} 2 \\ \times\ 10 \\ \hline \end{array}$$

㉚
$$\begin{array}{r} 10 \\ \times\ 9 \\ \hline \end{array}$$

㉛
$$\begin{array}{r} 6 \\ \times\ 6 \\ \hline \end{array}$$

㉜
$$\begin{array}{r} 6 \\ \times\ 8 \\ \hline \end{array}$$

㉝
$$\begin{array}{r} 4 \\ \times\ 4 \\ \hline \end{array}$$

㉞
$$\begin{array}{r} 9 \\ \times\ 3 \\ \hline \end{array}$$

㉟
$$\begin{array}{r} 8 \\ \times\ 6 \\ \hline \end{array}$$

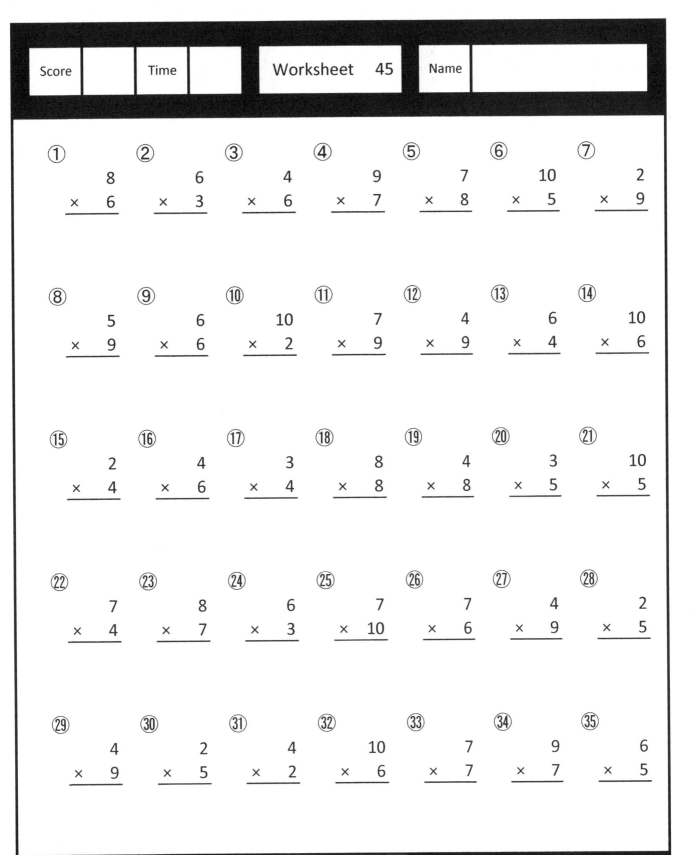

①
```
    8
×   6
```

②
```
    6
×   3
```

③
```
    4
×   6
```

④
```
    9
×   7
```

⑤
```
    7
×   8
```

⑥
```
   10
×   5
```

⑦
```
    2
×   9
```

⑧
```
    5
×   9
```

⑨
```
    6
×   6
```

⑩
```
   10
×   2
```

⑪
```
    7
×   9
```

⑫
```
    4
×   9
```

⑬
```
    6
×   4
```

⑭
```
   10
×   6
```

⑮
```
    2
×   4
```

⑯
```
    4
×   6
```

⑰
```
    3
×   4
```

⑱
```
    8
×   8
```

⑲
```
    4
×   8
```

⑳
```
    3
×   5
```

㉑
```
   10
×   5
```

㉒
```
    7
×   4
```

㉓
```
    8
×   7
```

㉔
```
    6
×   3
```

㉕
```
    7
×  10
```

㉖
```
    7
×   6
```

㉗
```
    4
×   9
```

㉘
```
    2
×   5
```

㉙
```
    4
×   9
```

㉚
```
    2
×   5
```

㉛
```
    4
×   2
```

㉜
```
   10
×   6
```

㉝
```
    7
×   7
```

㉞
```
    9
×   7
```

㉟
```
    6
×   5
```

①
$$\begin{array}{r} 5 \\ \times\ 3 \\ \hline \end{array}$$

②
$$\begin{array}{r} 5 \\ \times\ 9 \\ \hline \end{array}$$

③
$$\begin{array}{r} 6 \\ \times\ 8 \\ \hline \end{array}$$

④
$$\begin{array}{r} 6 \\ \times\ 4 \\ \hline \end{array}$$

⑤
$$\begin{array}{r} 7 \\ \times\ 3 \\ \hline \end{array}$$

⑥
$$\begin{array}{r} 4 \\ \times\ 7 \\ \hline \end{array}$$

⑦
$$\begin{array}{r} 10 \\ \times\ 4 \\ \hline \end{array}$$

⑧
$$\begin{array}{r} 10 \\ \times\ 9 \\ \hline \end{array}$$

⑨
$$\begin{array}{r} 2 \\ \times\ 9 \\ \hline \end{array}$$

⑩
$$\begin{array}{r} 10 \\ \times\ 3 \\ \hline \end{array}$$

⑪
$$\begin{array}{r} 9 \\ \times\ 4 \\ \hline \end{array}$$

⑫
$$\begin{array}{r} 5 \\ \times\ 2 \\ \hline \end{array}$$

⑬
$$\begin{array}{r} 2 \\ \times\ 4 \\ \hline \end{array}$$

⑭
$$\begin{array}{r} 6 \\ \times\ 9 \\ \hline \end{array}$$

⑮
$$\begin{array}{r} 4 \\ \times\ 7 \\ \hline \end{array}$$

⑯
$$\begin{array}{r} 10 \\ \times\ 6 \\ \hline \end{array}$$

⑰
$$\begin{array}{r} 3 \\ \times\ 9 \\ \hline \end{array}$$

⑱
$$\begin{array}{r} 7 \\ \times\ 5 \\ \hline \end{array}$$

⑲
$$\begin{array}{r} 2 \\ \times\ 8 \\ \hline \end{array}$$

⑳
$$\begin{array}{r} 6 \\ \times\ 3 \\ \hline \end{array}$$

㉑
$$\begin{array}{r} 6 \\ \times\ 7 \\ \hline \end{array}$$

㉒
$$\begin{array}{r} 8 \\ \times\ 8 \\ \hline \end{array}$$

㉓
$$\begin{array}{r} 5 \\ \times\ 3 \\ \hline \end{array}$$

㉔
$$\begin{array}{r} 3 \\ \times\ 6 \\ \hline \end{array}$$

㉕
$$\begin{array}{r} 8 \\ \times\ 5 \\ \hline \end{array}$$

㉖
$$\begin{array}{r} 10 \\ \times\ 2 \\ \hline \end{array}$$

㉗
$$\begin{array}{r} 3 \\ \times\ 10 \\ \hline \end{array}$$

㉘
$$\begin{array}{r} 2 \\ \times\ 4 \\ \hline \end{array}$$

㉙
$$\begin{array}{r} 2 \\ \times\ 4 \\ \hline \end{array}$$

㉚
$$\begin{array}{r} 10 \\ \times\ 9 \\ \hline \end{array}$$

㉛
$$\begin{array}{r} 10 \\ \times\ 7 \\ \hline \end{array}$$

㉜
$$\begin{array}{r} 4 \\ \times\ 2 \\ \hline \end{array}$$

㉝
$$\begin{array}{r} 8 \\ \times\ 7 \\ \hline \end{array}$$

㉞
$$\begin{array}{r} 3 \\ \times\ 10 \\ \hline \end{array}$$

㉟
$$\begin{array}{r} 7 \\ \times\ 8 \\ \hline \end{array}$$

①
```
    5
×   4
____
```

②
```
    2
×   5
____
```

③
```
    3
×   7
____
```

④
```
    6
×   2
____
```

⑤
```
    8
×   5
____
```

⑥
```
    2
×  10
____
```

⑦
```
    7
×  10
____
```

⑧
```
    9
×   2
____
```

⑨
```
    7
×   7
____
```

⑩
```
    2
×   7
____
```

⑪
```
    3
×   3
____
```

⑫
```
    5
×   9
____
```

⑬
```
    3
×   5
____
```

⑭
```
    7
×  10
____
```

⑮
```
    2
×   2
____
```

⑯
```
    5
×   4
____
```

⑰
```
    7
×   4
____
```

⑱
```
    4
×   3
____
```

⑲
```
    8
×   4
____
```

⑳
```
    2
×   6
____
```

㉑
```
    3
×   4
____
```

㉒
```
    4
×   9
____
```

㉓
```
    7
×   4
____
```

㉔
```
    4
×   3
____
```

㉕
```
    5
×   4
____
```

㉖
```
    3
×   3
____
```

㉗
```
    5
×   4
____
```

㉘
```
   10
×   4
____
```

㉙
```
    3
×   9
____
```

㉚
```
    7
×   4
____
```

㉛
```
    6
×   6
____
```

㉜
```
    3
×   6
____
```

㉝
```
    8
×   6
____
```

㉞
```
    4
×  10
____
```

㉟
```
    7
×   4
____
```

①
$$\begin{array}{r} 8 \\ \times\ 4 \\ \hline \end{array}$$

②
$$\begin{array}{r} 5 \\ \times\ 3 \\ \hline \end{array}$$

③
$$\begin{array}{r} 5 \\ \times\ 5 \\ \hline \end{array}$$

④
$$\begin{array}{r} 5 \\ \times\ 5 \\ \hline \end{array}$$

⑤
$$\begin{array}{r} 9 \\ \times\ 8 \\ \hline \end{array}$$

⑥
$$\begin{array}{r} 2 \\ \times\ 5 \\ \hline \end{array}$$

⑦
$$\begin{array}{r} 5 \\ \times\ 3 \\ \hline \end{array}$$

⑧
$$\begin{array}{r} 4 \\ \times\ 10 \\ \hline \end{array}$$

⑨
$$\begin{array}{r} 8 \\ \times\ 6 \\ \hline \end{array}$$

⑩
$$\begin{array}{r} 2 \\ \times\ 7 \\ \hline \end{array}$$

⑪
$$\begin{array}{r} 6 \\ \times\ 5 \\ \hline \end{array}$$

⑫
$$\begin{array}{r} 7 \\ \times\ 4 \\ \hline \end{array}$$

⑬
$$\begin{array}{r} 7 \\ \times\ 2 \\ \hline \end{array}$$

⑭
$$\begin{array}{r} 7 \\ \times\ 7 \\ \hline \end{array}$$

⑮
$$\begin{array}{r} 7 \\ \times\ 6 \\ \hline \end{array}$$

⑯
$$\begin{array}{r} 5 \\ \times\ 3 \\ \hline \end{array}$$

⑰
$$\begin{array}{r} 5 \\ \times\ 8 \\ \hline \end{array}$$

⑱
$$\begin{array}{r} 9 \\ \times\ 4 \\ \hline \end{array}$$

⑲
$$\begin{array}{r} 9 \\ \times\ 8 \\ \hline \end{array}$$

⑳
$$\begin{array}{r} 5 \\ \times\ 3 \\ \hline \end{array}$$

㉑
$$\begin{array}{r} 4 \\ \times\ 6 \\ \hline \end{array}$$

㉒
$$\begin{array}{r} 3 \\ \times\ 6 \\ \hline \end{array}$$

㉓
$$\begin{array}{r} 9 \\ \times\ 4 \\ \hline \end{array}$$

㉔
$$\begin{array}{r} 8 \\ \times\ 6 \\ \hline \end{array}$$

㉕
$$\begin{array}{r} 4 \\ \times\ 6 \\ \hline \end{array}$$

㉖
$$\begin{array}{r} 4 \\ \times\ 8 \\ \hline \end{array}$$

㉗
$$\begin{array}{r} 10 \\ \times\ 10 \\ \hline \end{array}$$

㉘
$$\begin{array}{r} 6 \\ \times\ 3 \\ \hline \end{array}$$

㉙
$$\begin{array}{r} 9 \\ \times\ 9 \\ \hline \end{array}$$

㉚
$$\begin{array}{r} 8 \\ \times\ 7 \\ \hline \end{array}$$

㉛
$$\begin{array}{r} 5 \\ \times\ 3 \\ \hline \end{array}$$

㉜
$$\begin{array}{r} 6 \\ \times\ 5 \\ \hline \end{array}$$

㉝
$$\begin{array}{r} 2 \\ \times\ 5 \\ \hline \end{array}$$

㉞
$$\begin{array}{r} 6 \\ \times\ 6 \\ \hline \end{array}$$

㉟
$$\begin{array}{r} 3 \\ \times\ 7 \\ \hline \end{array}$$

① 7 × 2

② 10 × 8

③ 3 × 10

④ 2 × 7

⑤ 8 × 10

⑥ 10 × 10

⑦ 8 × 9

⑧ 5 × 8

⑨ 5 × 9

⑩ 10 × 9

⑪ 4 × 10

⑫ 2 × 3

⑬ 4 × 5

⑭ 2 × 9

⑮ 4 × 3

⑯ 9 × 10

⑰ 5 × 8

⑱ 9 × 9

⑲ 5 × 3

⑳ 5 × 5

㉑ 10 × 6

㉒ 8 × 6

㉓ 6 × 5

㉔ 3 × 7

㉕ 9 × 4

㉖ 8 × 2

㉗ 5 × 10

㉘ 9 × 2

㉙ 5 × 5

㉚ 6 × 4

㉛ 5 × 10

㉜ 6 × 6

㉝ 2 × 8

㉞ 5 × 6

㉟ 6 × 9

①
$$\begin{array}{r} 3 \\ \times\ 5 \\ \hline \end{array}$$

②
$$\begin{array}{r} 5 \\ \times\ 3 \\ \hline \end{array}$$

③
$$\begin{array}{r} 6 \\ \times\ 9 \\ \hline \end{array}$$

④
$$\begin{array}{r} 8 \\ \times\ 8 \\ \hline \end{array}$$

⑤
$$\begin{array}{r} 9 \\ \times\ 3 \\ \hline \end{array}$$

⑥
$$\begin{array}{r} 4 \\ \times\ 6 \\ \hline \end{array}$$

⑦
$$\begin{array}{r} 4 \\ \times\ 7 \\ \hline \end{array}$$

⑧
$$\begin{array}{r} 7 \\ \times\ 9 \\ \hline \end{array}$$

⑨
$$\begin{array}{r} 10 \\ \times\ 10 \\ \hline \end{array}$$

⑩
$$\begin{array}{r} 4 \\ \times\ 3 \\ \hline \end{array}$$

⑪
$$\begin{array}{r} 2 \\ \times\ 2 \\ \hline \end{array}$$

⑫
$$\begin{array}{r} 4 \\ \times\ 9 \\ \hline \end{array}$$

⑬
$$\begin{array}{r} 3 \\ \times\ 10 \\ \hline \end{array}$$

⑭
$$\begin{array}{r} 4 \\ \times\ 8 \\ \hline \end{array}$$

⑮
$$\begin{array}{r} 4 \\ \times\ 6 \\ \hline \end{array}$$

⑯
$$\begin{array}{r} 8 \\ \times\ 6 \\ \hline \end{array}$$

⑰
$$\begin{array}{r} 9 \\ \times\ 9 \\ \hline \end{array}$$

⑱
$$\begin{array}{r} 9 \\ \times\ 9 \\ \hline \end{array}$$

⑲
$$\begin{array}{r} 2 \\ \times\ 7 \\ \hline \end{array}$$

⑳
$$\begin{array}{r} 7 \\ \times\ 8 \\ \hline \end{array}$$

㉑
$$\begin{array}{r} 5 \\ \times\ 7 \\ \hline \end{array}$$

㉒
$$\begin{array}{r} 6 \\ \times\ 7 \\ \hline \end{array}$$

㉓
$$\begin{array}{r} 4 \\ \times\ 7 \\ \hline \end{array}$$

㉔
$$\begin{array}{r} 3 \\ \times\ 10 \\ \hline \end{array}$$

㉕
$$\begin{array}{r} 7 \\ \times\ 2 \\ \hline \end{array}$$

㉖
$$\begin{array}{r} 9 \\ \times\ 3 \\ \hline \end{array}$$

㉗
$$\begin{array}{r} 3 \\ \times\ 2 \\ \hline \end{array}$$

㉘
$$\begin{array}{r} 6 \\ \times\ 4 \\ \hline \end{array}$$

㉙
$$\begin{array}{r} 10 \\ \times\ 4 \\ \hline \end{array}$$

㉚
$$\begin{array}{r} 9 \\ \times\ 5 \\ \hline \end{array}$$

㉛
$$\begin{array}{r} 2 \\ \times\ 4 \\ \hline \end{array}$$

㉜
$$\begin{array}{r} 6 \\ \times\ 6 \\ \hline \end{array}$$

㉝
$$\begin{array}{r} 3 \\ \times\ 5 \\ \hline \end{array}$$

㉞
$$\begin{array}{r} 4 \\ \times\ 4 \\ \hline \end{array}$$

㉟
$$\begin{array}{r} 2 \\ \times\ 7 \\ \hline \end{array}$$

① 11 × 2

② 9 × 11

③ 11 × 0

④ 8 × 11

⑤ 11 × 2

⑥ 11 × 11

⑦ 11 × 6

⑧ 4 × 11

⑨ 11 × 11

⑩ 3 × 11

⑪ 11 × 8

⑫ 9 × 11

⑬ 11 × 10

⑭ 1 × 11

⑮ 11 × 9

⑯ 1 × 11

⑰ 11 × 10

⑱ 0 × 11

⑲ 11 × 12

⑳ 5 × 11

㉑ 11 × 4

㉒ 5 × 11

㉓ 11 × 11

㉔ 2 × 11

㉕ 11 × 2

㉖ 12 × 11

㉗ 11 × 8

㉘ 8 × 11

㉙ 11 × 11

㉚ 1 × 11

㉛ 11 × 1

㉜ 12 × 11

㉝ 11 × 9

㉞ 10 × 11

㉟ 11 × 12

①
11
× 0

②
11
× 11

③
11
× 8

④
4
× 11

⑤
11
× 8

⑥
3
× 11

⑦
11
× 9

⑧
5
× 11

⑨
11
× 2

⑩
3
× 11

⑪
11
× 7

⑫
10
× 11

⑬
11
× 9

⑭
12
× 11

⑮
11
× 3

⑯
0
× 11

⑰
11
× 4

⑱
12
× 11

⑲
11
× 10

⑳
12
× 11

㉑
11
× 12

㉒
7
× 11

㉓
11
× 4

㉔
4
× 11

㉕
11
× 9

㉖
10
× 11

㉗
11
× 0

㉘
12
× 11

㉙
11
× 2

㉚
6
× 11

㉛
11
× 7

㉜
3
× 11

㉝
11
× 9

㉞
3
× 11

㉟
11
× 2

①
```
    11
×    2
```

②
```
     6
×   11
```

③
```
    11
×    6
```

④
```
     5
×   11
```

⑤
```
    11
×    4
```

⑥
```
     0
×   11
```

⑦
```
    11
×    1
```

⑧
```
     2
×   11
```

⑨
```
    11
×   10
```

⑩
```
     9
×   11
```

⑪
```
    11
×    4
```

⑫
```
     0
×   11
```

⑬
```
    11
×    4
```

⑭
```
    10
×   11
```

⑮
```
    11
×    9
```

⑯
```
     6
×   11
```

⑰
```
    11
×    2
```

⑱
```
     2
×   11
```

⑲
```
    11
×    8
```

⑳
```
    11
×   11
```

㉑
```
    11
×    3
```

㉒
```
     8
×   11
```

㉓
```
    11
×    5
```

㉔
```
    11
×   11
```

㉕
```
    11
×    7
```

㉖
```
     8
×   11
```

㉗
```
    11
×    5
```

㉘
```
     3
×   11
```

㉙
```
    11
×    8
```

㉚
```
     5
×   11
```

㉛
```
    11
×   10
```

㉜
```
     7
×   11
```

㉝
```
    11
×   10
```

㉞
```
     1
×   11
```

㉟
```
    11
×    1
```

①
```
   11
×   8
```

②
```
    4
× 11
```

③
```
   11
×   5
```

④
```
    0
× 11
```

⑤
```
   11
×  10
```

⑥
```
    2
× 11
```

⑦
```
   11
×  12
```

⑧
```
    5
× 11
```

⑨
```
   11
×  10
```

⑩
```
    5
× 11
```

⑪
```
   11
×   1
```

⑫
```
    8
× 11
```

⑬
```
   11
×   1
```

⑭
```
    8
× 11
```

⑮
```
   11
×   0
```

⑯
```
    8
× 11
```

⑰
```
   11
×   9
```

⑱
```
    0
× 11
```

⑲
```
   11
×   9
```

⑳
```
    8
× 11
```

㉑
```
   11
×   7
```

㉒
```
    6
× 11
```

㉓
```
   11
×   8
```

㉔
```
    5
× 11
```

㉕
```
   11
×   2
```

㉖
```
    7
× 11
```

㉗
```
   11
×   5
```

㉘
```
    1
× 11
```

㉙
```
   11
×   9
```

㉚
```
   10
× 11
```

㉛
```
   11
× 11
```

㉜
```
    9
× 11
```

㉝
```
   11
× 11
```

㉞
```
    4
× 11
```

㉟
```
   11
×   7
```

①
```
   11
×   0
```

②
```
    6
× 11
```

③
```
   11
×   9
```

④
```
    7
× 11
```

⑤
```
   11
×   4
```

⑥
```
    9
× 11
```

⑦
```
   11
×   8
```

⑧
```
    1
× 11
```

⑨
```
   11
×   3
```

⑩
```
    1
× 11
```

⑪
```
   11
× 12
```

⑫
```
   11
× 11
```

⑬
```
   11
×   0
```

⑭
```
    5
× 11
```

⑮
```
   11
×   9
```

⑯
```
    8
× 11
```

⑰
```
   11
×   1
```

⑱
```
    2
× 11
```

⑲
```
   11
×   4
```

⑳
```
    4
× 11
```

㉑
```
   11
×   5
```

㉒
```
    2
× 11
```

㉓
```
   11
×   8
```

㉔
```
   10
× 11
```

㉕
```
   11
× 10
```

㉖
```
   12
× 11
```

㉗
```
   11
×   4
```

㉘
```
    2
× 11
```

㉙
```
   11
× 11
```

㉚
```
    1
× 11
```

㉛
```
   11
×   9
```

㉜
```
    9
× 11
```

㉝
```
   11
×   1
```

㉞
```
    8
× 11
```

㉟
```
   11
×   9
```

①
```
    12
 ×   3
```

②
```
     3
 ×  12
```

③
```
    12
 ×  11
```

④
```
     7
 ×  12
```

⑤
```
    12
 ×   5
```

⑥
```
     2
 ×  12
```

⑦
```
    12
 ×   6
```

⑧
```
     7
 ×  12
```

⑨
```
    12
 ×   3
```

⑩
```
     3
 ×  12
```

⑪
```
    12
 ×   2
```

⑫
```
    10
 ×  12
```

⑬
```
    12
 ×  11
```

⑭
```
     0
 ×  12
```

⑮
```
    12
 ×   9
```

⑯
```
     2
 ×  12
```

⑰
```
    12
 ×   1
```

⑱
```
     6
 ×  12
```

⑲
```
    12
 ×   2
```

⑳
```
    12
 ×  12
```

㉑
```
    12
 ×   8
```

㉒
```
     0
 ×  12
```

㉓
```
    12
 ×   7
```

㉔
```
     0
 ×  12
```

㉕
```
    12
 ×   3
```

㉖
```
    10
 ×  12
```

㉗
```
    12
 ×   8
```

㉘
```
     6
 ×  12
```

㉙
```
    12
 ×   3
```

㉚
```
    12
 ×  12
```

㉛
```
    12
 ×  10
```

㉜
```
     8
 ×  12
```

㉝
```
    12
 ×   6
```

㉞
```
     8
 ×  12
```

㉟
```
    12
 ×   3
```

①
```
    12
×   11
```

②
```
     0
×   12
```

③
```
    12
×   11
```

④
```
     5
×   12
```

⑤
```
    12
×   12
```

⑥
```
     6
×   12
```

⑦
```
    12
×    9
```

⑧
```
     0
×   12
```

⑨
```
    12
×    3
```

⑩
```
     9
×   12
```

⑪
```
    12
×   11
```

⑫
```
     0
×   12
```

⑬
```
    12
×    8
```

⑭
```
     3
×   12
```

⑮
```
    12
×   10
```

⑯
```
     0
×   12
```

⑰
```
    12
×    1
```

⑱
```
     5
×   12
```

⑲
```
    12
×    4
```

⑳
```
    10
×   12
```

㉑
```
    12
×    1
```

㉒
```
     9
×   12
```

㉓
```
    12
×   11
```

㉔
```
    12
×   12
```

㉕
```
    12
×    6
```

㉖
```
     1
×   12
```

㉗
```
    12
×    7
```

㉘
```
     3
×   12
```

㉙
```
    12
×   10
```

㉚
```
     2
×   12
```

㉛
```
    12
×    9
```

㉜
```
     0
×   12
```

㉝
```
    12
×   11
```

㉞
```
     0
×   12
```

㉟
```
    12
×   11
```

①
$$\begin{array}{r} 12 \\ \times\ \ 5 \\ \hline \end{array}$$

②
$$\begin{array}{r} 4 \\ \times\ 12 \\ \hline \end{array}$$

③
$$\begin{array}{r} 12 \\ \times\ \ 4 \\ \hline \end{array}$$

④
$$\begin{array}{r} 11 \\ \times\ 12 \\ \hline \end{array}$$

⑤
$$\begin{array}{r} 12 \\ \times\ \ 9 \\ \hline \end{array}$$

⑥
$$\begin{array}{r} 12 \\ \times\ 12 \\ \hline \end{array}$$

⑦
$$\begin{array}{r} 12 \\ \times\ \ 9 \\ \hline \end{array}$$

⑧
$$\begin{array}{r} 8 \\ \times\ 12 \\ \hline \end{array}$$

⑨
$$\begin{array}{r} 12 \\ \times\ \ 4 \\ \hline \end{array}$$

⑩
$$\begin{array}{r} 4 \\ \times\ 12 \\ \hline \end{array}$$

⑪
$$\begin{array}{r} 12 \\ \times\ \ 0 \\ \hline \end{array}$$

⑫
$$\begin{array}{r} 3 \\ \times\ 12 \\ \hline \end{array}$$

⑬
$$\begin{array}{r} 12 \\ \times\ \ 0 \\ \hline \end{array}$$

⑭
$$\begin{array}{r} 1 \\ \times\ 12 \\ \hline \end{array}$$

⑮
$$\begin{array}{r} 12 \\ \times\ \ 6 \\ \hline \end{array}$$

⑯
$$\begin{array}{r} 7 \\ \times\ 12 \\ \hline \end{array}$$

⑰
$$\begin{array}{r} 12 \\ \times\ 12 \\ \hline \end{array}$$

⑱
$$\begin{array}{r} 10 \\ \times\ 12 \\ \hline \end{array}$$

⑲
$$\begin{array}{r} 12 \\ \times\ \ 2 \\ \hline \end{array}$$

⑳
$$\begin{array}{r} 8 \\ \times\ 12 \\ \hline \end{array}$$

㉑
$$\begin{array}{r} 12 \\ \times\ \ 7 \\ \hline \end{array}$$

㉒
$$\begin{array}{r} 9 \\ \times\ 12 \\ \hline \end{array}$$

㉓
$$\begin{array}{r} 12 \\ \times\ \ 9 \\ \hline \end{array}$$

㉔
$$\begin{array}{r} 0 \\ \times\ 12 \\ \hline \end{array}$$

㉕
$$\begin{array}{r} 12 \\ \times\ \ 3 \\ \hline \end{array}$$

㉖
$$\begin{array}{r} 11 \\ \times\ 12 \\ \hline \end{array}$$

㉗
$$\begin{array}{r} 12 \\ \times\ \ 9 \\ \hline \end{array}$$

㉘
$$\begin{array}{r} 10 \\ \times\ 12 \\ \hline \end{array}$$

㉙
$$\begin{array}{r} 12 \\ \times\ \ 0 \\ \hline \end{array}$$

㉚
$$\begin{array}{r} 11 \\ \times\ 12 \\ \hline \end{array}$$

㉛
$$\begin{array}{r} 12 \\ \times\ \ 5 \\ \hline \end{array}$$

㉜
$$\begin{array}{r} 1 \\ \times\ 12 \\ \hline \end{array}$$

㉝
$$\begin{array}{r} 12 \\ \times\ \ 9 \\ \hline \end{array}$$

㉞
$$\begin{array}{r} 6 \\ \times\ 12 \\ \hline \end{array}$$

㉟
$$\begin{array}{r} 12 \\ \times\ \ 0 \\ \hline \end{array}$$

①
```
   12
×   3
____
```

②
```
   10
× 12
____
```

③
```
   12
×   5
____
```

④
```
    5
× 12
____
```

⑤
```
   12
×   8
____
```

⑥
```
    2
× 12
____
```

⑦
```
   12
×   4
____
```

⑧
```
    3
× 12
____
```

⑨
```
   12
× 11
____
```

⑩
```
    5
× 12
____
```

⑪
```
   12
× 12
____
```

⑫
```
   10
× 12
____
```

⑬
```
   12
×   4
____
```

⑭
```
   11
× 12
____
```

⑮
```
   12
×   8
____
```

⑯
```
    1
× 12
____
```

⑰
```
   12
×   6
____
```

⑱
```
   10
× 12
____
```

⑲
```
   12
× 10
____
```

⑳
```
    5
× 12
____
```

㉑
```
   12
× 11
____
```

㉒
```
   10
× 12
____
```

㉓
```
   12
× 10
____
```

㉔
```
    5
× 12
____
```

㉕
```
   12
×   3
____
```

㉖
```
   12
× 12
____
```

㉗
```
   12
×   9
____
```

㉘
```
    3
× 12
____
```

㉙
```
   12
×   8
____
```

㉚
```
    0
× 12
____
```

㉛
```
   12
×   3
____
```

㉜
```
   11
× 12
____
```

㉝
```
   12
×   2
____
```

㉞
```
   11
× 12
____
```

㉟
```
   12
×   0
____
```

①
$$\begin{array}{r} 12 \\ \times0 \\ \hline \end{array}$$

②
$$\begin{array}{r} 10 \\ \times\ 12 \\ \hline \end{array}$$

③
$$\begin{array}{r} 12 \\ \times\ 11 \\ \hline \end{array}$$

④
$$\begin{array}{r} 9 \\ \times\ 12 \\ \hline \end{array}$$

⑤
$$\begin{array}{r} 12 \\ \times\ 9 \\ \hline \end{array}$$

⑥
$$\begin{array}{r} 8 \\ \times\ 12 \\ \hline \end{array}$$

⑦
$$\begin{array}{r} 12 \\ \times\ 11 \\ \hline \end{array}$$

⑧
$$\begin{array}{r} 1 \\ \times\ 12 \\ \hline \end{array}$$

⑨
$$\begin{array}{r} 12 \\ \times\ 4 \\ \hline \end{array}$$

⑩
$$\begin{array}{r} 5 \\ \times\ 12 \\ \hline \end{array}$$

⑪
$$\begin{array}{r} 12 \\ \times\ 1 \\ \hline \end{array}$$

⑫
$$\begin{array}{r} 12 \\ \times\ 12 \\ \hline \end{array}$$

⑬
$$\begin{array}{r} 12 \\ \times\ 2 \\ \hline \end{array}$$

⑭
$$\begin{array}{r} 0 \\ \times\ 12 \\ \hline \end{array}$$

⑮
$$\begin{array}{r} 12 \\ \times\ 12 \\ \hline \end{array}$$

⑯
$$\begin{array}{r} 9 \\ \times\ 12 \\ \hline \end{array}$$

⑰
$$\begin{array}{r} 12 \\ \times\ 6 \\ \hline \end{array}$$

⑱
$$\begin{array}{r} 2 \\ \times\ 12 \\ \hline \end{array}$$

⑲
$$\begin{array}{r} 12 \\ \times\ 8 \\ \hline \end{array}$$

⑳
$$\begin{array}{r} 5 \\ \times\ 12 \\ \hline \end{array}$$

㉑
$$\begin{array}{r} 12 \\ \times\ 3 \\ \hline \end{array}$$

㉒
$$\begin{array}{r} 10 \\ \times\ 12 \\ \hline \end{array}$$

㉓
$$\begin{array}{r} 12 \\ \times\ 8 \\ \hline \end{array}$$

㉔
$$\begin{array}{r} 12 \\ \times\ 12 \\ \hline \end{array}$$

㉕
$$\begin{array}{r} 12 \\ \times\ 3 \\ \hline \end{array}$$

㉖
$$\begin{array}{r} 5 \\ \times\ 12 \\ \hline \end{array}$$

㉗
$$\begin{array}{r} 12 \\ \times\ 3 \\ \hline \end{array}$$

㉘
$$\begin{array}{r} 3 \\ \times\ 12 \\ \hline \end{array}$$

㉙
$$\begin{array}{r} 12 \\ \times\ 3 \\ \hline \end{array}$$

㉚
$$\begin{array}{r} 1 \\ \times\ 12 \\ \hline \end{array}$$

㉛
$$\begin{array}{r} 12 \\ \times\ 6 \\ \hline \end{array}$$

㉜
$$\begin{array}{r} 7 \\ \times\ 12 \\ \hline \end{array}$$

㉝
$$\begin{array}{r} 12 \\ \times\ 10 \\ \hline \end{array}$$

㉞
$$\begin{array}{r} 3 \\ \times\ 12 \\ \hline \end{array}$$

㉟
$$\begin{array}{r} 12 \\ \times\ 7 \\ \hline \end{array}$$

①
```
   10
 ×  2
```

②
```
    0
 ×  3
```

③
```
    9
 ×  2
```

④
```
    1
 ×  1
```

⑤
```
    4
 ×  7
```

⑥
```
    8
 ×  4
```

⑦
```
   10
 ×  4
```

⑧
```
    2
 ×  3
```

⑨
```
   10
 ×  2
```

⑩
```
    4
 ×  4
```

⑪
```
    9
 ×  3
```

⑫
```
    4
 × 10
```

⑬
```
   12
 × 11
```

⑭
```
    5
 ×  0
```

⑮
```
    2
 ×  0
```

⑯
```
    6
 × 12
```

⑰
```
    1
 ×  1
```

⑱
```
   11
 ×  8
```

⑲
```
   12
 ×  5
```

⑳
```
    1
 × 12
```

㉑
```
    2
 ×  4
```

㉒
```
    1
 ×  5
```

㉓
```
    8
 ×  6
```

㉔
```
   10
 ×  8
```

㉕
```
    9
 ×  4
```

㉖
```
   10
 × 11
```

㉗
```
   12
 ×  5
```

㉘
```
   10
 ×  5
```

㉙
```
    8
 ×  1
```

㉚
```
   12
 ×  4
```

㉛
```
   10
 ×  6
```

㉜
```
   11
 × 12
```

㉝
```
    9
 × 10
```

㉞
```
   10
 × 12
```

㉟
```
    3
 ×  0
```

①
$$\begin{array}{r} 1 \\ \times\ 5 \\ \hline \end{array}$$

②
$$\begin{array}{r} 12 \\ \times\ 6 \\ \hline \end{array}$$

③
$$\begin{array}{r} 0 \\ \times\ 7 \\ \hline \end{array}$$

④
$$\begin{array}{r} 11 \\ \times\ 8 \\ \hline \end{array}$$

⑤
$$\begin{array}{r} 7 \\ \times\ 11 \\ \hline \end{array}$$

⑥
$$\begin{array}{r} 1 \\ \times\ 8 \\ \hline \end{array}$$

⑦
$$\begin{array}{r} 10 \\ \times\ 6 \\ \hline \end{array}$$

⑧
$$\begin{array}{r} 8 \\ \times\ 1 \\ \hline \end{array}$$

⑨
$$\begin{array}{r} 7 \\ \times\ 8 \\ \hline \end{array}$$

⑩
$$\begin{array}{r} 3 \\ \times\ 7 \\ \hline \end{array}$$

⑪
$$\begin{array}{r} 5 \\ \times\ 7 \\ \hline \end{array}$$

⑫
$$\begin{array}{r} 0 \\ \times\ 0 \\ \hline \end{array}$$

⑬
$$\begin{array}{r} 8 \\ \times\ 9 \\ \hline \end{array}$$

⑭
$$\begin{array}{r} 11 \\ \times\ 12 \\ \hline \end{array}$$

⑮
$$\begin{array}{r} 10 \\ \times\ 11 \\ \hline \end{array}$$

⑯
$$\begin{array}{r} 11 \\ \times\ 8 \\ \hline \end{array}$$

⑰
$$\begin{array}{r} 10 \\ \times\ 5 \\ \hline \end{array}$$

⑱
$$\begin{array}{r} 9 \\ \times\ 2 \\ \hline \end{array}$$

⑲
$$\begin{array}{r} 6 \\ \times\ 4 \\ \hline \end{array}$$

⑳
$$\begin{array}{r} 2 \\ \times\ 0 \\ \hline \end{array}$$

㉑
$$\begin{array}{r} 7 \\ \times\ 7 \\ \hline \end{array}$$

㉒
$$\begin{array}{r} 3 \\ \times\ 10 \\ \hline \end{array}$$

㉓
$$\begin{array}{r} 5 \\ \times\ 12 \\ \hline \end{array}$$

㉔
$$\begin{array}{r} 7 \\ \times\ 11 \\ \hline \end{array}$$

㉕
$$\begin{array}{r} 7 \\ \times\ 12 \\ \hline \end{array}$$

㉖
$$\begin{array}{r} 1 \\ \times\ 9 \\ \hline \end{array}$$

㉗
$$\begin{array}{r} 10 \\ \times\ 1 \\ \hline \end{array}$$

㉘
$$\begin{array}{r} 4 \\ \times\ 5 \\ \hline \end{array}$$

㉙
$$\begin{array}{r} 6 \\ \times\ 2 \\ \hline \end{array}$$

㉚
$$\begin{array}{r} 0 \\ \times\ 5 \\ \hline \end{array}$$

㉛
$$\begin{array}{r} 2 \\ \times\ 10 \\ \hline \end{array}$$

㉜
$$\begin{array}{r} 7 \\ \times\ 8 \\ \hline \end{array}$$

㉝
$$\begin{array}{r} 2 \\ \times\ 10 \\ \hline \end{array}$$

㉞
$$\begin{array}{r} 0 \\ \times\ 1 \\ \hline \end{array}$$

㉟
$$\begin{array}{r} 3 \\ \times\ 8 \\ \hline \end{array}$$

①
11
× 4

②
4
× 7

③
12
× 0

④
12
× 6

⑤
1
× 8

⑥
6
× 3

⑦
9
× 6

⑧
6
× 5

⑨
12
× 6

⑩
12
× 1

⑪
7
× 6

⑫
1
× 8

⑬
7
× 1

⑭
4
× 10

⑮
0
× 11

⑯
3
× 7

⑰
5
× 5

⑱
6
× 6

⑲
1
× 3

⑳
0
× 9

㉑
4
× 9

㉒
6
× 4

㉓
9
× 3

㉔
1
× 0

㉕
9
× 2

㉖
5
× 11

㉗
2
× 5

㉘
3
× 12

㉙
9
× 2

㉚
3
× 6

㉛
4
× 0

㉜
6
× 0

㉝
5
× 9

㉞
10
× 8

㉟
3
× 10

①
```
    12
×    8
```

②
```
    10
×    9
```

③
```
     1
×   11
```

④
```
    10
×    6
```

⑤
```
     0
×   10
```

⑥
```
    10
×    5
```

⑦
```
     1
×    8
```

⑧
```
    12
×    7
```

⑨
```
     9
×    4
```

⑩
```
     6
×    2
```

⑪
```
    11
×    8
```

⑫
```
    10
×   12
```

⑬
```
     7
×    1
```

⑭
```
     2
×    4
```

⑮
```
     6
×   10
```

⑯
```
    11
×   12
```

⑰
```
    10
×    2
```

⑱
```
    10
×    2
```

⑲
```
    11
×    5
```

⑳
```
     8
×    6
```

㉑
```
    10
×   10
```

㉒
```
     7
×    7
```

㉓
```
     8
×    2
```

㉔
```
    12
×    7
```

㉕
```
     2
×    2
```

㉖
```
     9
×    8
```

㉗
```
     3
×   12
```

㉘
```
    10
×    5
```

㉙
```
     0
×    9
```

㉚
```
     3
×    8
```

㉛
```
     1
×    3
```

㉜
```
     7
×    5
```

㉝
```
     9
×    7
```

㉞
```
    12
×    0
```

㉟
```
     8
×    1
```

①
$$\begin{array}{r} 3 \\ \times\ 5 \\ \hline \end{array}$$

②
$$\begin{array}{r} 11 \\ \times\ 0 \\ \hline \end{array}$$

③
$$\begin{array}{r} 1 \\ \times\ 0 \\ \hline \end{array}$$

④
$$\begin{array}{r} 11 \\ \times\ 4 \\ \hline \end{array}$$

⑤
$$\begin{array}{r} 1 \\ \times\ 1 \\ \hline \end{array}$$

⑥
$$\begin{array}{r} 7 \\ \times\ 6 \\ \hline \end{array}$$

⑦
$$\begin{array}{r} 3 \\ \times\ 1 \\ \hline \end{array}$$

⑧
$$\begin{array}{r} 12 \\ \times\ 7 \\ \hline \end{array}$$

⑨
$$\begin{array}{r} 0 \\ \times\ 7 \\ \hline \end{array}$$

⑩
$$\begin{array}{r} 9 \\ \times\ 1 \\ \hline \end{array}$$

⑪
$$\begin{array}{r} 1 \\ \times\ 11 \\ \hline \end{array}$$

⑫
$$\begin{array}{r} 3 \\ \times\ 7 \\ \hline \end{array}$$

⑬
$$\begin{array}{r} 3 \\ \times\ 7 \\ \hline \end{array}$$

⑭
$$\begin{array}{r} 12 \\ \times\ 5 \\ \hline \end{array}$$

⑮
$$\begin{array}{r} 12 \\ \times\ 2 \\ \hline \end{array}$$

⑯
$$\begin{array}{r} 5 \\ \times\ 4 \\ \hline \end{array}$$

⑰
$$\begin{array}{r} 10 \\ \times\ 10 \\ \hline \end{array}$$

⑱
$$\begin{array}{r} 11 \\ \times\ 5 \\ \hline \end{array}$$

⑲
$$\begin{array}{r} 11 \\ \times\ 6 \\ \hline \end{array}$$

⑳
$$\begin{array}{r} 8 \\ \times\ 1 \\ \hline \end{array}$$

㉑
$$\begin{array}{r} 11 \\ \times\ 4 \\ \hline \end{array}$$

㉒
$$\begin{array}{r} 7 \\ \times\ 11 \\ \hline \end{array}$$

㉓
$$\begin{array}{r} 0 \\ \times\ 1 \\ \hline \end{array}$$

㉔
$$\begin{array}{r} 10 \\ \times\ 7 \\ \hline \end{array}$$

㉕
$$\begin{array}{r} 11 \\ \times\ 8 \\ \hline \end{array}$$

㉖
$$\begin{array}{r} 5 \\ \times\ 2 \\ \hline \end{array}$$

㉗
$$\begin{array}{r} 10 \\ \times\ 6 \\ \hline \end{array}$$

㉘
$$\begin{array}{r} 2 \\ \times\ 3 \\ \hline \end{array}$$

㉙
$$\begin{array}{r} 7 \\ \times\ 8 \\ \hline \end{array}$$

㉚
$$\begin{array}{r} 8 \\ \times\ 11 \\ \hline \end{array}$$

㉛
$$\begin{array}{r} 12 \\ \times\ 7 \\ \hline \end{array}$$

㉜
$$\begin{array}{r} 10 \\ \times\ 7 \\ \hline \end{array}$$

㉝
$$\begin{array}{r} 5 \\ \times\ 9 \\ \hline \end{array}$$

㉞
$$\begin{array}{r} 11 \\ \times\ 1 \\ \hline \end{array}$$

㉟
$$\begin{array}{r} 2 \\ \times\ 0 \\ \hline \end{array}$$

①
$$\begin{array}{r} 6 \\ \times\ 5 \\ \hline \end{array}$$

②
$$\begin{array}{r} 2 \\ \times\ 8 \\ \hline \end{array}$$

③
$$\begin{array}{r} 4 \\ \times\ 10 \\ \hline \end{array}$$

④
$$\begin{array}{r} 9 \\ \times\ 11 \\ \hline \end{array}$$

⑤
$$\begin{array}{r} 8 \\ \times\ 1 \\ \hline \end{array}$$

⑥
$$\begin{array}{r} 3 \\ \times\ 10 \\ \hline \end{array}$$

⑦
$$\begin{array}{r} 1 \\ \times\ 10 \\ \hline \end{array}$$

⑧
$$\begin{array}{r} 5 \\ \times\ 7 \\ \hline \end{array}$$

⑨
$$\begin{array}{r} 8 \\ \times\ 0 \\ \hline \end{array}$$

⑩
$$\begin{array}{r} 7 \\ \times\ 7 \\ \hline \end{array}$$

⑪
$$\begin{array}{r} 12 \\ \times\ 12 \\ \hline \end{array}$$

⑫
$$\begin{array}{r} 0 \\ \times\ 4 \\ \hline \end{array}$$

⑬
$$\begin{array}{r} 2 \\ \times\ 4 \\ \hline \end{array}$$

⑭
$$\begin{array}{r} 3 \\ \times\ 0 \\ \hline \end{array}$$

⑮
$$\begin{array}{r} 11 \\ \times\ 9 \\ \hline \end{array}$$

⑯
$$\begin{array}{r} 11 \\ \times\ 10 \\ \hline \end{array}$$

⑰
$$\begin{array}{r} 1 \\ \times\ 6 \\ \hline \end{array}$$

⑱
$$\begin{array}{r} 10 \\ \times\ 8 \\ \hline \end{array}$$

⑲
$$\begin{array}{r} 12 \\ \times\ 0 \\ \hline \end{array}$$

⑳
$$\begin{array}{r} 10 \\ \times\ 4 \\ \hline \end{array}$$

㉑
$$\begin{array}{r} 7 \\ \times\ 5 \\ \hline \end{array}$$

㉒
$$\begin{array}{r} 0 \\ \times\ 7 \\ \hline \end{array}$$

㉓
$$\begin{array}{r} 10 \\ \times\ 11 \\ \hline \end{array}$$

㉔
$$\begin{array}{r} 6 \\ \times\ 1 \\ \hline \end{array}$$

㉕
$$\begin{array}{r} 12 \\ \times\ 7 \\ \hline \end{array}$$

㉖
$$\begin{array}{r} 12 \\ \times\ 7 \\ \hline \end{array}$$

㉗
$$\begin{array}{r} 1 \\ \times\ 12 \\ \hline \end{array}$$

㉘
$$\begin{array}{r} 6 \\ \times\ 9 \\ \hline \end{array}$$

㉙
$$\begin{array}{r} 4 \\ \times\ 0 \\ \hline \end{array}$$

㉚
$$\begin{array}{r} 2 \\ \times\ 1 \\ \hline \end{array}$$

㉛
$$\begin{array}{r} 11 \\ \times\ 3 \\ \hline \end{array}$$

㉜
$$\begin{array}{r} 1 \\ \times\ 4 \\ \hline \end{array}$$

㉝
$$\begin{array}{r} 10 \\ \times\ 12 \\ \hline \end{array}$$

㉞
$$\begin{array}{r} 1 \\ \times\ 7 \\ \hline \end{array}$$

㉟
$$\begin{array}{r} 7 \\ \times\ 1 \\ \hline \end{array}$$

①
```
      0
×     1
```

②
```
      8
×    10
```

③
```
     10
×     9
```

④
```
      2
×     5
```

⑤
```
      5
×     2
```

⑥
```
      9
×     2
```

⑦
```
     12
×     2
```

⑧
```
      9
×     9
```

⑨
```
      8
×     0
```

⑩
```
      5
×    12
```

⑪
```
     10
×    10
```

⑫
```
      3
×    11
```

⑬
```
      2
×    11
```

⑭
```
      2
×     0
```

⑮
```
      0
×     0
```

⑯
```
     10
×    10
```

⑰
```
      1
×    11
```

⑱
```
      3
×     3
```

⑲
```
      2
×    10
```

⑳
```
      8
×    11
```

㉑
```
      7
×     6
```

㉒
```
     11
×     4
```

㉓
```
      8
×    12
```

㉔
```
     11
×    10
```

㉕
```
      1
×     8
```

㉖
```
      2
×     1
```

㉗
```
      4
×     9
```

㉘
```
     12
×     6
```

㉙
```
      7
×     5
```

㉚
```
      6
×     2
```

㉛
```
      0
×     9
```

㉜
```
      7
×    12
```

㉝
```
      7
×     9
```

㉞
```
      9
×     2
```

㉟
```
     11
×     6
```

①
```
    4
×   5
____
```

②
```
   11
×  10
____
```

③
```
    1
×   1
____
```

④
```
    7
×   8
____
```

⑤
```
    3
×   6
____
```

⑥
```
    5
×  12
____
```

⑦
```
    2
×   8
____
```

⑧
```
   12
×  12
____
```

⑨
```
    4
×   3
____
```

⑩
```
    7
×  12
____
```

⑪
```
    8
×   6
____
```

⑫
```
    4
×   1
____
```

⑬
```
    0
×  10
____
```

⑭
```
   10
×   9
____
```

⑮
```
   12
×   5
____
```

⑯
```
    6
×   8
____
```

⑰
```
    9
×   0
____
```

⑱
```
    8
×   0
____
```

⑲
```
    6
×   0
____
```

⑳
```
    5
×   9
____
```

㉑
```
   11
×  10
____
```

㉒
```
   11
×   8
____
```

㉓
```
    1
×   3
____
```

㉔
```
    0
×   9
____
```

㉕
```
   11
×   0
____
```

㉖
```
   10
×   5
____
```

㉗
```
   11
×  10
____
```

㉘
```
   11
×   4
____
```

㉙
```
    6
×   9
____
```

㉚
```
    7
×  10
____
```

㉛
```
    7
×   1
____
```

㉜
```
   10
×   9
____
```

㉝
```
    6
×   1
____
```

㉞
```
   11
×   3
____
```

㉟
```
    8
×   6
____
```

①
$$\begin{array}{r} 12 \\ \times\ 11 \\ \hline \end{array}$$

②
$$\begin{array}{r} 11 \\ \times\ 10 \\ \hline \end{array}$$

③
$$\begin{array}{r} 5 \\ \times\ 1 \\ \hline \end{array}$$

④
$$\begin{array}{r} 2 \\ \times\ 12 \\ \hline \end{array}$$

⑤
$$\begin{array}{r} 2 \\ \times\ 12 \\ \hline \end{array}$$

⑥
$$\begin{array}{r} 2 \\ \times\ 7 \\ \hline \end{array}$$

⑦
$$\begin{array}{r} 3 \\ \times\ 7 \\ \hline \end{array}$$

⑧
$$\begin{array}{r} 0 \\ \times\ 9 \\ \hline \end{array}$$

⑨
$$\begin{array}{r} 2 \\ \times\ 0 \\ \hline \end{array}$$

⑩
$$\begin{array}{r} 6 \\ \times\ 6 \\ \hline \end{array}$$

⑪
$$\begin{array}{r} 9 \\ \times\ 4 \\ \hline \end{array}$$

⑫
$$\begin{array}{r} 9 \\ \times\ 1 \\ \hline \end{array}$$

⑬
$$\begin{array}{r} 3 \\ \times\ 11 \\ \hline \end{array}$$

⑭
$$\begin{array}{r} 9 \\ \times\ 12 \\ \hline \end{array}$$

⑮
$$\begin{array}{r} 0 \\ \times\ 9 \\ \hline \end{array}$$

⑯
$$\begin{array}{r} 11 \\ \times\ 1 \\ \hline \end{array}$$

⑰
$$\begin{array}{r} 4 \\ \times\ 12 \\ \hline \end{array}$$

⑱
$$\begin{array}{r} 10 \\ \times\ 5 \\ \hline \end{array}$$

⑲
$$\begin{array}{r} 1 \\ \times\ 8 \\ \hline \end{array}$$

⑳
$$\begin{array}{r} 6 \\ \times\ 6 \\ \hline \end{array}$$

㉑
$$\begin{array}{r} 3 \\ \times\ 7 \\ \hline \end{array}$$

㉒
$$\begin{array}{r} 6 \\ \times\ 5 \\ \hline \end{array}$$

㉓
$$\begin{array}{r} 5 \\ \times\ 4 \\ \hline \end{array}$$

㉔
$$\begin{array}{r} 9 \\ \times\ 0 \\ \hline \end{array}$$

㉕
$$\begin{array}{r} 10 \\ \times\ 4 \\ \hline \end{array}$$

㉖
$$\begin{array}{r} 10 \\ \times\ 2 \\ \hline \end{array}$$

㉗
$$\begin{array}{r} 10 \\ \times\ 5 \\ \hline \end{array}$$

㉘
$$\begin{array}{r} 3 \\ \times\ 3 \\ \hline \end{array}$$

㉙
$$\begin{array}{r} 1 \\ \times\ 6 \\ \hline \end{array}$$

㉚
$$\begin{array}{r} 7 \\ \times\ 3 \\ \hline \end{array}$$

㉛
$$\begin{array}{r} 5 \\ \times\ 6 \\ \hline \end{array}$$

㉜
$$\begin{array}{r} 5 \\ \times\ 0 \\ \hline \end{array}$$

㉝
$$\begin{array}{r} 5 \\ \times\ 5 \\ \hline \end{array}$$

㉞
$$\begin{array}{r} 3 \\ \times\ 9 \\ \hline \end{array}$$

㉟
$$\begin{array}{r} 11 \\ \times\ 8 \\ \hline \end{array}$$

①
$$\begin{array}{r} 3 \\ \times\ 10 \\ \hline \end{array}$$

②
$$\begin{array}{r} 7 \\ \times\ 6 \\ \hline \end{array}$$

③
$$\begin{array}{r} 0 \\ \times\ 4 \\ \hline \end{array}$$

④
$$\begin{array}{r} 10 \\ \times\ 4 \\ \hline \end{array}$$

⑤
$$\begin{array}{r} 7 \\ \times\ 0 \\ \hline \end{array}$$

⑥
$$\begin{array}{r} 9 \\ \times\ 5 \\ \hline \end{array}$$

⑦
$$\begin{array}{r} 2 \\ \times\ 2 \\ \hline \end{array}$$

⑧
$$\begin{array}{r} 8 \\ \times\ 0 \\ \hline \end{array}$$

⑨
$$\begin{array}{r} 9 \\ \times\ 5 \\ \hline \end{array}$$

⑩
$$\begin{array}{r} 3 \\ \times\ 11 \\ \hline \end{array}$$

⑪
$$\begin{array}{r} 6 \\ \times\ 1 \\ \hline \end{array}$$

⑫
$$\begin{array}{r} 1 \\ \times\ 2 \\ \hline \end{array}$$

⑬
$$\begin{array}{r} 10 \\ \times\ 8 \\ \hline \end{array}$$

⑭
$$\begin{array}{r} 12 \\ \times\ 3 \\ \hline \end{array}$$

⑮
$$\begin{array}{r} 0 \\ \times\ 3 \\ \hline \end{array}$$

⑯
$$\begin{array}{r} 10 \\ \times\ 3 \\ \hline \end{array}$$

⑰
$$\begin{array}{r} 7 \\ \times\ 9 \\ \hline \end{array}$$

⑱
$$\begin{array}{r} 5 \\ \times\ 3 \\ \hline \end{array}$$

⑲
$$\begin{array}{r} 12 \\ \times\ 9 \\ \hline \end{array}$$

⑳
$$\begin{array}{r} 7 \\ \times\ 10 \\ \hline \end{array}$$

㉑
$$\begin{array}{r} 0 \\ \times\ 11 \\ \hline \end{array}$$

㉒
$$\begin{array}{r} 0 \\ \times\ 0 \\ \hline \end{array}$$

㉓
$$\begin{array}{r} 10 \\ \times\ 7 \\ \hline \end{array}$$

㉔
$$\begin{array}{r} 9 \\ \times\ 5 \\ \hline \end{array}$$

㉕
$$\begin{array}{r} 10 \\ \times\ 2 \\ \hline \end{array}$$

㉖
$$\begin{array}{r} 3 \\ \times\ 3 \\ \hline \end{array}$$

㉗
$$\begin{array}{r} 3 \\ \times\ 2 \\ \hline \end{array}$$

㉘
$$\begin{array}{r} 4 \\ \times\ 4 \\ \hline \end{array}$$

㉙
$$\begin{array}{r} 4 \\ \times\ 10 \\ \hline \end{array}$$

㉚
$$\begin{array}{r} 10 \\ \times\ 2 \\ \hline \end{array}$$

㉛
$$\begin{array}{r} 2 \\ \times\ 7 \\ \hline \end{array}$$

㉜
$$\begin{array}{r} 1 \\ \times\ 11 \\ \hline \end{array}$$

㉝
$$\begin{array}{r} 12 \\ \times\ 5 \\ \hline \end{array}$$

㉞
$$\begin{array}{r} 4 \\ \times\ 3 \\ \hline \end{array}$$

㉟
$$\begin{array}{r} 12 \\ \times\ 2 \\ \hline \end{array}$$

①
$$\begin{array}{r} 6 \\ \times\ 11 \\ \hline \end{array}$$

②
$$\begin{array}{r} 4 \\ \times\ 5 \\ \hline \end{array}$$

③
$$\begin{array}{r} 5 \\ \times\ 10 \\ \hline \end{array}$$

④
$$\begin{array}{r} 11 \\ \times\ 11 \\ \hline \end{array}$$

⑤
$$\begin{array}{r} 4 \\ \times\ 2 \\ \hline \end{array}$$

⑥
$$\begin{array}{r} 3 \\ \times\ 2 \\ \hline \end{array}$$

⑦
$$\begin{array}{r} 12 \\ \times\ 3 \\ \hline \end{array}$$

⑧
$$\begin{array}{r} 8 \\ \times\ 7 \\ \hline \end{array}$$

⑨
$$\begin{array}{r} 4 \\ \times\ 2 \\ \hline \end{array}$$

⑩
$$\begin{array}{r} 12 \\ \times\ 11 \\ \hline \end{array}$$

⑪
$$\begin{array}{r} 4 \\ \times\ 8 \\ \hline \end{array}$$

⑫
$$\begin{array}{r} 10 \\ \times\ 9 \\ \hline \end{array}$$

⑬
$$\begin{array}{r} 2 \\ \times\ 7 \\ \hline \end{array}$$

⑭
$$\begin{array}{r} 9 \\ \times\ 8 \\ \hline \end{array}$$

⑮
$$\begin{array}{r} 12 \\ \times\ 8 \\ \hline \end{array}$$

⑯
$$\begin{array}{r} 9 \\ \times\ 4 \\ \hline \end{array}$$

⑰
$$\begin{array}{r} 4 \\ \times\ 9 \\ \hline \end{array}$$

⑱
$$\begin{array}{r} 2 \\ \times\ 12 \\ \hline \end{array}$$

⑲
$$\begin{array}{r} 3 \\ \times\ 8 \\ \hline \end{array}$$

⑳
$$\begin{array}{r} 7 \\ \times\ 2 \\ \hline \end{array}$$

㉑
$$\begin{array}{r} 12 \\ \times\ 12 \\ \hline \end{array}$$

㉒
$$\begin{array}{r} 2 \\ \times\ 9 \\ \hline \end{array}$$

㉓
$$\begin{array}{r} 2 \\ \times\ 10 \\ \hline \end{array}$$

㉔
$$\begin{array}{r} 3 \\ \times\ 2 \\ \hline \end{array}$$

㉕
$$\begin{array}{r} 7 \\ \times\ 8 \\ \hline \end{array}$$

㉖
$$\begin{array}{r} 10 \\ \times\ 7 \\ \hline \end{array}$$

㉗
$$\begin{array}{r} 12 \\ \times\ 5 \\ \hline \end{array}$$

㉘
$$\begin{array}{r} 7 \\ \times\ 5 \\ \hline \end{array}$$

㉙
$$\begin{array}{r} 5 \\ \times\ 8 \\ \hline \end{array}$$

㉚
$$\begin{array}{r} 12 \\ \times\ 11 \\ \hline \end{array}$$

㉛
$$\begin{array}{r} 5 \\ \times\ 10 \\ \hline \end{array}$$

㉜
$$\begin{array}{r} 3 \\ \times\ 9 \\ \hline \end{array}$$

㉝
$$\begin{array}{r} 11 \\ \times\ 6 \\ \hline \end{array}$$

㉞
$$\begin{array}{r} 7 \\ \times\ 9 \\ \hline \end{array}$$

㉟
$$\begin{array}{r} 7 \\ \times\ 3 \\ \hline \end{array}$$

①
$$\begin{array}{r} 2 \\ \times\ 2 \\ \hline \end{array}$$

②
$$\begin{array}{r} 5 \\ \times\ 11 \\ \hline \end{array}$$

③
$$\begin{array}{r} 12 \\ \times\ 6 \\ \hline \end{array}$$

④
$$\begin{array}{r} 2 \\ \times\ 3 \\ \hline \end{array}$$

⑤
$$\begin{array}{r} 10 \\ \times\ 8 \\ \hline \end{array}$$

⑥
$$\begin{array}{r} 7 \\ \times\ 11 \\ \hline \end{array}$$

⑦
$$\begin{array}{r} 5 \\ \times\ 2 \\ \hline \end{array}$$

⑧
$$\begin{array}{r} 2 \\ \times\ 8 \\ \hline \end{array}$$

⑨
$$\begin{array}{r} 12 \\ \times\ 12 \\ \hline \end{array}$$

⑩
$$\begin{array}{r} 7 \\ \times\ 4 \\ \hline \end{array}$$

⑪
$$\begin{array}{r} 10 \\ \times\ 3 \\ \hline \end{array}$$

⑫
$$\begin{array}{r} 6 \\ \times\ 8 \\ \hline \end{array}$$

⑬
$$\begin{array}{r} 7 \\ \times\ 6 \\ \hline \end{array}$$

⑭
$$\begin{array}{r} 2 \\ \times\ 8 \\ \hline \end{array}$$

⑮
$$\begin{array}{r} 7 \\ \times\ 2 \\ \hline \end{array}$$

⑯
$$\begin{array}{r} 12 \\ \times\ 5 \\ \hline \end{array}$$

⑰
$$\begin{array}{r} 6 \\ \times\ 8 \\ \hline \end{array}$$

⑱
$$\begin{array}{r} 9 \\ \times\ 9 \\ \hline \end{array}$$

⑲
$$\begin{array}{r} 11 \\ \times\ 7 \\ \hline \end{array}$$

⑳
$$\begin{array}{r} 8 \\ \times\ 10 \\ \hline \end{array}$$

㉑
$$\begin{array}{r} 6 \\ \times\ 5 \\ \hline \end{array}$$

㉒
$$\begin{array}{r} 3 \\ \times\ 4 \\ \hline \end{array}$$

㉓
$$\begin{array}{r} 12 \\ \times\ 4 \\ \hline \end{array}$$

㉔
$$\begin{array}{r} 10 \\ \times\ 6 \\ \hline \end{array}$$

㉕
$$\begin{array}{r} 8 \\ \times\ 12 \\ \hline \end{array}$$

㉖
$$\begin{array}{r} 5 \\ \times\ 3 \\ \hline \end{array}$$

㉗
$$\begin{array}{r} 11 \\ \times\ 9 \\ \hline \end{array}$$

㉘
$$\begin{array}{r} 7 \\ \times\ 4 \\ \hline \end{array}$$

㉙
$$\begin{array}{r} 3 \\ \times\ 5 \\ \hline \end{array}$$

㉚
$$\begin{array}{r} 6 \\ \times\ 3 \\ \hline \end{array}$$

㉛
$$\begin{array}{r} 5 \\ \times\ 3 \\ \hline \end{array}$$

㉜
$$\begin{array}{r} 11 \\ \times\ 11 \\ \hline \end{array}$$

㉝
$$\begin{array}{r} 5 \\ \times\ 12 \\ \hline \end{array}$$

㉞
$$\begin{array}{r} 8 \\ \times\ 6 \\ \hline \end{array}$$

㉟
$$\begin{array}{r} 3 \\ \times\ 3 \\ \hline \end{array}$$

①
2
× 7

②
9
× 5

③
10
× 6

④
9
× 12

⑤
10
× 10

⑥
8
× 3

⑦
10
× 5

⑧
9
× 6

⑨
10
× 2

⑩
9
× 10

⑪
11
× 11

⑫
7
× 4

⑬
4
× 11

⑭
9
× 4

⑮
8
× 4

⑯
5
× 12

⑰
4
× 11

⑱
5
× 9

⑲
5
× 11

⑳
4
× 10

㉑
6
× 11

㉒
2
× 5

㉓
5
× 7

㉔
9
× 11

㉕
6
× 11

㉖
8
× 6

㉗
8
× 8

㉘
5
× 9

㉙
7
× 4

㉚
12
× 8

㉛
4
× 12

㉜
8
× 7

㉝
10
× 5

㉞
11
× 6

㉟
10
× 7

①
12
× 12

②
4
× 7

③
11
× 10

④
6
× 4

⑤
2
× 7

⑥
2
× 12

⑦
5
× 5

⑧
5
× 5

⑨
12
× 4

⑩
11
× 6

⑪
9
× 2

⑫
12
× 12

⑬
4
× 2

⑭
5
× 6

⑮
7
× 8

⑯
11
× 11

⑰
11
× 2

⑱
8
× 2

⑲
4
× 7

⑳
2
× 4

㉑
3
× 4

㉒
4
× 8

㉓
10
× 6

㉔
5
× 3

㉕
2
× 10

㉖
2
× 6

㉗
8
× 9

㉘
5
× 6

㉙
2
× 5

㉚
7
× 8

㉛
10
× 8

㉜
7
× 2

㉝
10
× 12

㉞
9
× 6

㉟
2
× 5

①
```
    5
×   3
```

②
```
    6
×  12
```

③
```
    3
×   2
```

④
```
    3
×   7
```

⑤
```
   11
×   7
```

⑥
```
    7
×  11
```

⑦
```
    8
×   9
```

⑧
```
   11
×  11
```

⑨
```
    5
×  10
```

⑩
```
    6
×  12
```

⑪
```
    9
×   6
```

⑫
```
    7
×   7
```

⑬
```
   11
×   9
```

⑭
```
    4
×  12
```

⑮
```
   12
×   3
```

⑯
```
    3
×   4
```

⑰
```
    8
×   3
```

⑱
```
    3
×   6
```

⑲
```
    3
×   4
```

⑳
```
    5
×  12
```

㉑
```
   12
×   9
```

㉒
```
   11
×  12
```

㉓
```
    3
×   7
```

㉔
```
    2
×  12
```

㉕
```
    4
×  11
```

㉖
```
   11
×   2
```

㉗
```
    3
×   3
```

㉘
```
    7
×  10
```

㉙
```
    5
×   4
```

㉚
```
    4
×   6
```

㉛
```
    4
×   5
```

㉜
```
    3
×   2
```

㉝
```
    2
×   6
```

㉞
```
    8
×   7
```

㉟
```
    4
×   3
```

① 4 × 12

② 6 × 12

③ 6 × 8

④ 12 × 6

⑤ 9 × 7

⑥ 5 × 6

⑦ 2 × 7

⑧ 9 × 6

⑨ 8 × 7

⑩ 10 × 2

⑪ 3 × 9

⑫ 2 × 9

⑬ 7 × 11

⑭ 2 × 4

⑮ 6 × 6

⑯ 3 × 10

⑰ 2 × 4

⑱ 10 × 5

⑲ 2 × 8

⑳ 9 × 3

㉑ 6 × 10

㉒ 5 × 6

㉓ 9 × 8

㉔ 4 × 2

㉕ 4 × 10

㉖ 12 × 5

㉗ 6 × 12

㉘ 8 × 6

㉙ 10 × 4

㉚ 4 × 7

㉛ 12 × 6

㉜ 10 × 8

㉝ 6 × 7

㉞ 8 × 9

㉟ 9 × 3

①
$$\begin{array}{r} 4 \\ \times\ 7 \\ \hline \end{array}$$

②
$$\begin{array}{r} 5 \\ \times\ 10 \\ \hline \end{array}$$

③
$$\begin{array}{r} 6 \\ \times\ 7 \\ \hline \end{array}$$

④
$$\begin{array}{r} 8 \\ \times\ 4 \\ \hline \end{array}$$

⑤
$$\begin{array}{r} 7 \\ \times\ 9 \\ \hline \end{array}$$

⑥
$$\begin{array}{r} 9 \\ \times\ 3 \\ \hline \end{array}$$

⑦
$$\begin{array}{r} 12 \\ \times\ 8 \\ \hline \end{array}$$

⑧
$$\begin{array}{r} 11 \\ \times\ 11 \\ \hline \end{array}$$

⑨
$$\begin{array}{r} 5 \\ \times\ 9 \\ \hline \end{array}$$

⑩
$$\begin{array}{r} 8 \\ \times\ 5 \\ \hline \end{array}$$

⑪
$$\begin{array}{r} 12 \\ \times\ 7 \\ \hline \end{array}$$

⑫
$$\begin{array}{r} 8 \\ \times\ 8 \\ \hline \end{array}$$

⑬
$$\begin{array}{r} 11 \\ \times\ 10 \\ \hline \end{array}$$

⑭
$$\begin{array}{r} 5 \\ \times\ 12 \\ \hline \end{array}$$

⑮
$$\begin{array}{r} 4 \\ \times\ 3 \\ \hline \end{array}$$

⑯
$$\begin{array}{r} 3 \\ \times\ 10 \\ \hline \end{array}$$

⑰
$$\begin{array}{r} 12 \\ \times\ 7 \\ \hline \end{array}$$

⑱
$$\begin{array}{r} 7 \\ \times\ 12 \\ \hline \end{array}$$

⑲
$$\begin{array}{r} 12 \\ \times\ 5 \\ \hline \end{array}$$

⑳
$$\begin{array}{r} 10 \\ \times\ 12 \\ \hline \end{array}$$

㉑
$$\begin{array}{r} 10 \\ \times\ 3 \\ \hline \end{array}$$

㉒
$$\begin{array}{r} 10 \\ \times\ 11 \\ \hline \end{array}$$

㉓
$$\begin{array}{r} 2 \\ \times\ 7 \\ \hline \end{array}$$

㉔
$$\begin{array}{r} 10 \\ \times\ 2 \\ \hline \end{array}$$

㉕
$$\begin{array}{r} 2 \\ \times\ 11 \\ \hline \end{array}$$

㉖
$$\begin{array}{r} 8 \\ \times\ 6 \\ \hline \end{array}$$

㉗
$$\begin{array}{r} 6 \\ \times\ 11 \\ \hline \end{array}$$

㉘
$$\begin{array}{r} 4 \\ \times\ 12 \\ \hline \end{array}$$

㉙
$$\begin{array}{r} 10 \\ \times\ 4 \\ \hline \end{array}$$

㉚
$$\begin{array}{r} 9 \\ \times\ 4 \\ \hline \end{array}$$

㉛
$$\begin{array}{r} 2 \\ \times\ 2 \\ \hline \end{array}$$

㉜
$$\begin{array}{r} 12 \\ \times\ 5 \\ \hline \end{array}$$

㉝
$$\begin{array}{r} 12 \\ \times\ 3 \\ \hline \end{array}$$

㉞
$$\begin{array}{r} 11 \\ \times\ 10 \\ \hline \end{array}$$

㉟
$$\begin{array}{r} 5 \\ \times\ 6 \\ \hline \end{array}$$

①
$$\begin{array}{r} 5 \\ \times\ 5 \\ \hline \end{array}$$

②
$$\begin{array}{r} 7 \\ \times\ 2 \\ \hline \end{array}$$

③
$$\begin{array}{r} 7 \\ \times\ 5 \\ \hline \end{array}$$

④
$$\begin{array}{r} 5 \\ \times\ 11 \\ \hline \end{array}$$

⑤
$$\begin{array}{r} 12 \\ \times\ 2 \\ \hline \end{array}$$

⑥
$$\begin{array}{r} 6 \\ \times\ 3 \\ \hline \end{array}$$

⑦
$$\begin{array}{r} 11 \\ \times\ 12 \\ \hline \end{array}$$

⑧
$$\begin{array}{r} 3 \\ \times\ 2 \\ \hline \end{array}$$

⑨
$$\begin{array}{r} 2 \\ \times\ 4 \\ \hline \end{array}$$

⑩
$$\begin{array}{r} 2 \\ \times\ 5 \\ \hline \end{array}$$

⑪
$$\begin{array}{r} 3 \\ \times\ 12 \\ \hline \end{array}$$

⑫
$$\begin{array}{r} 12 \\ \times\ 6 \\ \hline \end{array}$$

⑬
$$\begin{array}{r} 12 \\ \times\ 2 \\ \hline \end{array}$$

⑭
$$\begin{array}{r} 10 \\ \times\ 5 \\ \hline \end{array}$$

⑮
$$\begin{array}{r} 12 \\ \times\ 4 \\ \hline \end{array}$$

⑯
$$\begin{array}{r} 3 \\ \times\ 8 \\ \hline \end{array}$$

⑰
$$\begin{array}{r} 11 \\ \times\ 11 \\ \hline \end{array}$$

⑱
$$\begin{array}{r} 4 \\ \times\ 11 \\ \hline \end{array}$$

⑲
$$\begin{array}{r} 6 \\ \times\ 9 \\ \hline \end{array}$$

⑳
$$\begin{array}{r} 9 \\ \times\ 12 \\ \hline \end{array}$$

㉑
$$\begin{array}{r} 9 \\ \times\ 5 \\ \hline \end{array}$$

㉒
$$\begin{array}{r} 3 \\ \times\ 6 \\ \hline \end{array}$$

㉓
$$\begin{array}{r} 3 \\ \times\ 12 \\ \hline \end{array}$$

㉔
$$\begin{array}{r} 8 \\ \times\ 10 \\ \hline \end{array}$$

㉕
$$\begin{array}{r} 10 \\ \times\ 9 \\ \hline \end{array}$$

㉖
$$\begin{array}{r} 12 \\ \times\ 2 \\ \hline \end{array}$$

㉗
$$\begin{array}{r} 11 \\ \times\ 8 \\ \hline \end{array}$$

㉘
$$\begin{array}{r} 9 \\ \times\ 2 \\ \hline \end{array}$$

㉙
$$\begin{array}{r} 2 \\ \times\ 7 \\ \hline \end{array}$$

㉚
$$\begin{array}{r} 2 \\ \times\ 6 \\ \hline \end{array}$$

㉛
$$\begin{array}{r} 7 \\ \times\ 10 \\ \hline \end{array}$$

㉜
$$\begin{array}{r} 7 \\ \times\ 6 \\ \hline \end{array}$$

㉝
$$\begin{array}{r} 12 \\ \times\ 4 \\ \hline \end{array}$$

㉞
$$\begin{array}{r} 2 \\ \times\ 7 \\ \hline \end{array}$$

㉟
$$\begin{array}{r} 11 \\ \times\ 12 \\ \hline \end{array}$$

① 4 × 6

② 3 × 8

③ 10 × 4

④ 2 × 12

⑤ 11 × 5

⑥ 9 × 8

⑦ 12 × 9

⑧ 2 × 5

⑨ 4 × 10

⑩ 11 × 5

⑪ 2 × 9

⑫ 6 × 12

⑬ 2 × 6

⑭ 2 × 9

⑮ 12 × 3

⑯ 11 × 8

⑰ 9 × 10

⑱ 2 × 7

⑲ 3 × 8

⑳ 4 × 3

㉑ 3 × 10

㉒ 11 × 8

㉓ 5 × 2

㉔ 3 × 12

㉕ 11 × 12

㉖ 12 × 8

㉗ 11 × 3

㉘ 11 × 10

㉙ 4 × 9

㉚ 6 × 7

㉛ 3 × 10

㉜ 3 × 4

㉝ 11 × 12

㉞ 12 × 5

㉟ 10 × 2

①
$$\begin{array}{r} 8 \\ \times\ 6 \\ \hline \end{array}$$

②
$$\begin{array}{r} 10 \\ \times\ 5 \\ \hline \end{array}$$

③
$$\begin{array}{r} 9 \\ \times\ 8 \\ \hline \end{array}$$

④
$$\begin{array}{r} 3 \\ \times\ 7 \\ \hline \end{array}$$

⑤
$$\begin{array}{r} 9 \\ \times\ 11 \\ \hline \end{array}$$

⑥
$$\begin{array}{r} 6 \\ \times\ 12 \\ \hline \end{array}$$

⑦
$$\begin{array}{r} 10 \\ \times\ 2 \\ \hline \end{array}$$

⑧
$$\begin{array}{r} 5 \\ \times\ 8 \\ \hline \end{array}$$

⑨
$$\begin{array}{r} 6 \\ \times\ 6 \\ \hline \end{array}$$

⑩
$$\begin{array}{r} 7 \\ \times\ 8 \\ \hline \end{array}$$

⑪
$$\begin{array}{r} 8 \\ \times\ 9 \\ \hline \end{array}$$

⑫
$$\begin{array}{r} 2 \\ \times\ 3 \\ \hline \end{array}$$

⑬
$$\begin{array}{r} 10 \\ \times\ 3 \\ \hline \end{array}$$

⑭
$$\begin{array}{r} 4 \\ \times\ 11 \\ \hline \end{array}$$

⑮
$$\begin{array}{r} 11 \\ \times\ 9 \\ \hline \end{array}$$

⑯
$$\begin{array}{r} 3 \\ \times\ 12 \\ \hline \end{array}$$

⑰
$$\begin{array}{r} 3 \\ \times\ 2 \\ \hline \end{array}$$

⑱
$$\begin{array}{r} 3 \\ \times\ 6 \\ \hline \end{array}$$

⑲
$$\begin{array}{r} 11 \\ \times\ 8 \\ \hline \end{array}$$

⑳
$$\begin{array}{r} 3 \\ \times\ 8 \\ \hline \end{array}$$

㉑
$$\begin{array}{r} 5 \\ \times\ 12 \\ \hline \end{array}$$

㉒
$$\begin{array}{r} 10 \\ \times\ 2 \\ \hline \end{array}$$

㉓
$$\begin{array}{r} 10 \\ \times\ 12 \\ \hline \end{array}$$

㉔
$$\begin{array}{r} 8 \\ \times\ 6 \\ \hline \end{array}$$

㉕
$$\begin{array}{r} 10 \\ \times\ 12 \\ \hline \end{array}$$

㉖
$$\begin{array}{r} 11 \\ \times\ 7 \\ \hline \end{array}$$

㉗
$$\begin{array}{r} 4 \\ \times\ 3 \\ \hline \end{array}$$

㉘
$$\begin{array}{r} 11 \\ \times\ 11 \\ \hline \end{array}$$

㉙
$$\begin{array}{r} 6 \\ \times\ 7 \\ \hline \end{array}$$

㉚
$$\begin{array}{r} 4 \\ \times\ 3 \\ \hline \end{array}$$

㉛
$$\begin{array}{r} 9 \\ \times\ 7 \\ \hline \end{array}$$

㉜
$$\begin{array}{r} 7 \\ \times\ 7 \\ \hline \end{array}$$

㉝
$$\begin{array}{r} 10 \\ \times\ 9 \\ \hline \end{array}$$

㉞
$$\begin{array}{r} 2 \\ \times\ 7 \\ \hline \end{array}$$

㉟
$$\begin{array}{r} 12 \\ \times\ 3 \\ \hline \end{array}$$

①
$$\begin{array}{r} 9 \\ \times\ 12 \\ \hline \end{array}$$

②
$$\begin{array}{r} 3 \\ \times\ 4 \\ \hline \end{array}$$

③
$$\begin{array}{r} 9 \\ \times\ 8 \\ \hline \end{array}$$

④
$$\begin{array}{r} 4 \\ \times\ 10 \\ \hline \end{array}$$

⑤
$$\begin{array}{r} 6 \\ \times\ 12 \\ \hline \end{array}$$

⑥
$$\begin{array}{r} 7 \\ \times\ 3 \\ \hline \end{array}$$

⑦
$$\begin{array}{r} 10 \\ \times\ 11 \\ \hline \end{array}$$

⑧
$$\begin{array}{r} 12 \\ \times\ 8 \\ \hline \end{array}$$

⑨
$$\begin{array}{r} 9 \\ \times\ 2 \\ \hline \end{array}$$

⑩
$$\begin{array}{r} 4 \\ \times\ 2 \\ \hline \end{array}$$

⑪
$$\begin{array}{r} 11 \\ \times\ 4 \\ \hline \end{array}$$

⑫
$$\begin{array}{r} 3 \\ \times\ 7 \\ \hline \end{array}$$

⑬
$$\begin{array}{r} 4 \\ \times\ 3 \\ \hline \end{array}$$

⑭
$$\begin{array}{r} 7 \\ \times\ 6 \\ \hline \end{array}$$

⑮
$$\begin{array}{r} 10 \\ \times\ 2 \\ \hline \end{array}$$

⑯
$$\begin{array}{r} 7 \\ \times\ 5 \\ \hline \end{array}$$

⑰
$$\begin{array}{r} 9 \\ \times\ 11 \\ \hline \end{array}$$

⑱
$$\begin{array}{r} 2 \\ \times\ 12 \\ \hline \end{array}$$

⑲
$$\begin{array}{r} 9 \\ \times\ 9 \\ \hline \end{array}$$

⑳
$$\begin{array}{r} 5 \\ \times\ 3 \\ \hline \end{array}$$

㉑
$$\begin{array}{r} 11 \\ \times\ 11 \\ \hline \end{array}$$

㉒
$$\begin{array}{r} 3 \\ \times\ 7 \\ \hline \end{array}$$

㉓
$$\begin{array}{r} 12 \\ \times\ 11 \\ \hline \end{array}$$

㉔
$$\begin{array}{r} 11 \\ \times\ 6 \\ \hline \end{array}$$

㉕
$$\begin{array}{r} 5 \\ \times\ 3 \\ \hline \end{array}$$

㉖
$$\begin{array}{r} 10 \\ \times\ 4 \\ \hline \end{array}$$

㉗
$$\begin{array}{r} 9 \\ \times\ 4 \\ \hline \end{array}$$

㉘
$$\begin{array}{r} 8 \\ \times\ 9 \\ \hline \end{array}$$

㉙
$$\begin{array}{r} 9 \\ \times\ 4 \\ \hline \end{array}$$

㉚
$$\begin{array}{r} 5 \\ \times\ 8 \\ \hline \end{array}$$

㉛
$$\begin{array}{r} 5 \\ \times\ 10 \\ \hline \end{array}$$

㉜
$$\begin{array}{r} 7 \\ \times\ 4 \\ \hline \end{array}$$

㉝
$$\begin{array}{r} 8 \\ \times\ 10 \\ \hline \end{array}$$

㉞
$$\begin{array}{r} 8 \\ \times\ 4 \\ \hline \end{array}$$

㉟
$$\begin{array}{r} 5 \\ \times\ 10 \\ \hline \end{array}$$

①
$$\begin{array}{r} 8 \\ \times\ 11 \\ \hline \end{array}$$

②
$$\begin{array}{r} 7 \\ \times\ 7 \\ \hline \end{array}$$

③
$$\begin{array}{r} 6 \\ \times\ 5 \\ \hline \end{array}$$

④
$$\begin{array}{r} 12 \\ \times\ 6 \\ \hline \end{array}$$

⑤
$$\begin{array}{r} 12 \\ \times\ 12 \\ \hline \end{array}$$

⑥
$$\begin{array}{r} 11 \\ \times\ 6 \\ \hline \end{array}$$

⑦
$$\begin{array}{r} 3 \\ \times\ 2 \\ \hline \end{array}$$

⑧
$$\begin{array}{r} 5 \\ \times\ 8 \\ \hline \end{array}$$

⑨
$$\begin{array}{r} 6 \\ \times\ 7 \\ \hline \end{array}$$

⑩
$$\begin{array}{r} 2 \\ \times\ 6 \\ \hline \end{array}$$

⑪
$$\begin{array}{r} 2 \\ \times\ 12 \\ \hline \end{array}$$

⑫
$$\begin{array}{r} 4 \\ \times\ 8 \\ \hline \end{array}$$

⑬
$$\begin{array}{r} 7 \\ \times\ 4 \\ \hline \end{array}$$

⑭
$$\begin{array}{r} 9 \\ \times\ 11 \\ \hline \end{array}$$

⑮
$$\begin{array}{r} 12 \\ \times\ 9 \\ \hline \end{array}$$

⑯
$$\begin{array}{r} 5 \\ \times\ 7 \\ \hline \end{array}$$

⑰
$$\begin{array}{r} 5 \\ \times\ 2 \\ \hline \end{array}$$

⑱
$$\begin{array}{r} 3 \\ \times\ 11 \\ \hline \end{array}$$

⑲
$$\begin{array}{r} 11 \\ \times\ 5 \\ \hline \end{array}$$

⑳
$$\begin{array}{r} 2 \\ \times\ 3 \\ \hline \end{array}$$

㉑
$$\begin{array}{r} 3 \\ \times\ 11 \\ \hline \end{array}$$

㉒
$$\begin{array}{r} 9 \\ \times\ 9 \\ \hline \end{array}$$

㉓
$$\begin{array}{r} 11 \\ \times\ 11 \\ \hline \end{array}$$

㉔
$$\begin{array}{r} 5 \\ \times\ 5 \\ \hline \end{array}$$

㉕
$$\begin{array}{r} 7 \\ \times\ 5 \\ \hline \end{array}$$

㉖
$$\begin{array}{r} 5 \\ \times\ 11 \\ \hline \end{array}$$

㉗
$$\begin{array}{r} 2 \\ \times\ 11 \\ \hline \end{array}$$

㉘
$$\begin{array}{r} 2 \\ \times\ 4 \\ \hline \end{array}$$

㉙
$$\begin{array}{r} 4 \\ \times\ 10 \\ \hline \end{array}$$

㉚
$$\begin{array}{r} 10 \\ \times\ 6 \\ \hline \end{array}$$

㉛
$$\begin{array}{r} 6 \\ \times\ 2 \\ \hline \end{array}$$

㉜
$$\begin{array}{r} 4 \\ \times\ 7 \\ \hline \end{array}$$

㉝
$$\begin{array}{r} 8 \\ \times\ 3 \\ \hline \end{array}$$

㉞
$$\begin{array}{r} 11 \\ \times\ 10 \\ \hline \end{array}$$

㉟
$$\begin{array}{r} 9 \\ \times\ 3 \\ \hline \end{array}$$

①
$$\begin{array}{r} 9 \\ \times\ 5 \\ \hline \end{array}$$

②
$$\begin{array}{r} 7 \\ \times\ 12 \\ \hline \end{array}$$

③
$$\begin{array}{r} 9 \\ \times\ 7 \\ \hline \end{array}$$

④
$$\begin{array}{r} 6 \\ \times\ 3 \\ \hline \end{array}$$

⑤
$$\begin{array}{r} 10 \\ \times\ 6 \\ \hline \end{array}$$

⑥
$$\begin{array}{r} 3 \\ \times\ 9 \\ \hline \end{array}$$

⑦
$$\begin{array}{r} 3 \\ \times\ 9 \\ \hline \end{array}$$

⑧
$$\begin{array}{r} 9 \\ \times\ 5 \\ \hline \end{array}$$

⑨
$$\begin{array}{r} 9 \\ \times\ 4 \\ \hline \end{array}$$

⑩
$$\begin{array}{r} 3 \\ \times\ 4 \\ \hline \end{array}$$

⑪
$$\begin{array}{r} 8 \\ \times\ 6 \\ \hline \end{array}$$

⑫
$$\begin{array}{r} 12 \\ \times\ 6 \\ \hline \end{array}$$

⑬
$$\begin{array}{r} 2 \\ \times\ 4 \\ \hline \end{array}$$

⑭
$$\begin{array}{r} 8 \\ \times\ 2 \\ \hline \end{array}$$

⑮
$$\begin{array}{r} 3 \\ \times\ 8 \\ \hline \end{array}$$

⑯
$$\begin{array}{r} 12 \\ \times\ 10 \\ \hline \end{array}$$

⑰
$$\begin{array}{r} 5 \\ \times\ 2 \\ \hline \end{array}$$

⑱
$$\begin{array}{r} 9 \\ \times\ 4 \\ \hline \end{array}$$

⑲
$$\begin{array}{r} 4 \\ \times\ 2 \\ \hline \end{array}$$

⑳
$$\begin{array}{r} 10 \\ \times\ 5 \\ \hline \end{array}$$

㉑
$$\begin{array}{r} 2 \\ \times\ 7 \\ \hline \end{array}$$

㉒
$$\begin{array}{r} 4 \\ \times\ 7 \\ \hline \end{array}$$

㉓
$$\begin{array}{r} 7 \\ \times\ 6 \\ \hline \end{array}$$

㉔
$$\begin{array}{r} 5 \\ \times\ 2 \\ \hline \end{array}$$

㉕
$$\begin{array}{r} 2 \\ \times\ 5 \\ \hline \end{array}$$

㉖
$$\begin{array}{r} 8 \\ \times\ 10 \\ \hline \end{array}$$

㉗
$$\begin{array}{r} 6 \\ \times\ 9 \\ \hline \end{array}$$

㉘
$$\begin{array}{r} 6 \\ \times\ 3 \\ \hline \end{array}$$

㉙
$$\begin{array}{r} 4 \\ \times\ 12 \\ \hline \end{array}$$

㉚
$$\begin{array}{r} 11 \\ \times\ 2 \\ \hline \end{array}$$

㉛
$$\begin{array}{r} 11 \\ \times\ 10 \\ \hline \end{array}$$

㉜
$$\begin{array}{r} 3 \\ \times\ 4 \\ \hline \end{array}$$

㉝
$$\begin{array}{r} 8 \\ \times\ 5 \\ \hline \end{array}$$

㉞
$$\begin{array}{r} 4 \\ \times\ 2 \\ \hline \end{array}$$

㉟
$$\begin{array}{r} 11 \\ \times\ 6 \\ \hline \end{array}$$

①
$$\begin{array}{r} 7 \\ \times\ 5 \\ \hline \end{array}$$

②
$$\begin{array}{r} 5 \\ \times\ 11 \\ \hline \end{array}$$

③
$$\begin{array}{r} 3 \\ \times\ 9 \\ \hline \end{array}$$

④
$$\begin{array}{r} 7 \\ \times\ 6 \\ \hline \end{array}$$

⑤
$$\begin{array}{r} 12 \\ \times\ 11 \\ \hline \end{array}$$

⑥
$$\begin{array}{r} 4 \\ \times\ 11 \\ \hline \end{array}$$

⑦
$$\begin{array}{r} 6 \\ \times\ 9 \\ \hline \end{array}$$

⑧
$$\begin{array}{r} 3 \\ \times\ 9 \\ \hline \end{array}$$

⑨
$$\begin{array}{r} 4 \\ \times\ 11 \\ \hline \end{array}$$

⑩
$$\begin{array}{r} 10 \\ \times\ 11 \\ \hline \end{array}$$

⑪
$$\begin{array}{r} 10 \\ \times\ 3 \\ \hline \end{array}$$

⑫
$$\begin{array}{r} 9 \\ \times\ 4 \\ \hline \end{array}$$

⑬
$$\begin{array}{r} 10 \\ \times\ 3 \\ \hline \end{array}$$

⑭
$$\begin{array}{r} 5 \\ \times\ 4 \\ \hline \end{array}$$

⑮
$$\begin{array}{r} 7 \\ \times\ 3 \\ \hline \end{array}$$

⑯
$$\begin{array}{r} 8 \\ \times\ 3 \\ \hline \end{array}$$

⑰
$$\begin{array}{r} 5 \\ \times\ 8 \\ \hline \end{array}$$

⑱
$$\begin{array}{r} 2 \\ \times\ 12 \\ \hline \end{array}$$

⑲
$$\begin{array}{r} 3 \\ \times\ 4 \\ \hline \end{array}$$

⑳
$$\begin{array}{r} 8 \\ \times\ 2 \\ \hline \end{array}$$

㉑
$$\begin{array}{r} 10 \\ \times\ 9 \\ \hline \end{array}$$

㉒
$$\begin{array}{r} 2 \\ \times\ 9 \\ \hline \end{array}$$

㉓
$$\begin{array}{r} 4 \\ \times\ 5 \\ \hline \end{array}$$

㉔
$$\begin{array}{r} 9 \\ \times\ 7 \\ \hline \end{array}$$

㉕
$$\begin{array}{r} 5 \\ \times\ 4 \\ \hline \end{array}$$

㉖
$$\begin{array}{r} 8 \\ \times\ 7 \\ \hline \end{array}$$

㉗
$$\begin{array}{r} 11 \\ \times\ 8 \\ \hline \end{array}$$

㉘
$$\begin{array}{r} 4 \\ \times\ 5 \\ \hline \end{array}$$

㉙
$$\begin{array}{r} 9 \\ \times\ 3 \\ \hline \end{array}$$

㉚
$$\begin{array}{r} 2 \\ \times\ 7 \\ \hline \end{array}$$

㉛
$$\begin{array}{r} 3 \\ \times\ 3 \\ \hline \end{array}$$

㉜
$$\begin{array}{r} 4 \\ \times\ 7 \\ \hline \end{array}$$

㉝
$$\begin{array}{r} 2 \\ \times\ 4 \\ \hline \end{array}$$

㉞
$$\begin{array}{r} 10 \\ \times\ 9 \\ \hline \end{array}$$

㉟
$$\begin{array}{r} 12 \\ \times\ 5 \\ \hline \end{array}$$

①
$$\begin{array}{r} 4 \\ \times\ 12 \\ \hline \end{array}$$

②
$$\begin{array}{r} 6 \\ \times\ 3 \\ \hline \end{array}$$

③
$$\begin{array}{r} 12 \\ \times\ 12 \\ \hline \end{array}$$

④
$$\begin{array}{r} 3 \\ \times\ 6 \\ \hline \end{array}$$

⑤
$$\begin{array}{r} 5 \\ \times\ 8 \\ \hline \end{array}$$

⑥
$$\begin{array}{r} 4 \\ \times\ 8 \\ \hline \end{array}$$

⑦
$$\begin{array}{r} 11 \\ \times\ 5 \\ \hline \end{array}$$

⑧
$$\begin{array}{r} 4 \\ \times\ 5 \\ \hline \end{array}$$

⑨
$$\begin{array}{r} 3 \\ \times\ 10 \\ \hline \end{array}$$

⑩
$$\begin{array}{r} 6 \\ \times\ 11 \\ \hline \end{array}$$

⑪
$$\begin{array}{r} 9 \\ \times\ 10 \\ \hline \end{array}$$

⑫
$$\begin{array}{r} 9 \\ \times\ 7 \\ \hline \end{array}$$

⑬
$$\begin{array}{r} 9 \\ \times\ 2 \\ \hline \end{array}$$

⑭
$$\begin{array}{r} 12 \\ \times\ 5 \\ \hline \end{array}$$

⑮
$$\begin{array}{r} 4 \\ \times\ 7 \\ \hline \end{array}$$

⑯
$$\begin{array}{r} 10 \\ \times\ 3 \\ \hline \end{array}$$

⑰
$$\begin{array}{r} 11 \\ \times\ 12 \\ \hline \end{array}$$

⑱
$$\begin{array}{r} 12 \\ \times\ 2 \\ \hline \end{array}$$

⑲
$$\begin{array}{r} 5 \\ \times\ 11 \\ \hline \end{array}$$

⑳
$$\begin{array}{r} 3 \\ \times\ 11 \\ \hline \end{array}$$

㉑
$$\begin{array}{r} 10 \\ \times\ 9 \\ \hline \end{array}$$

㉒
$$\begin{array}{r} 12 \\ \times\ 6 \\ \hline \end{array}$$

㉓
$$\begin{array}{r} 4 \\ \times\ 2 \\ \hline \end{array}$$

㉔
$$\begin{array}{r} 11 \\ \times\ 6 \\ \hline \end{array}$$

㉕
$$\begin{array}{r} 9 \\ \times\ 12 \\ \hline \end{array}$$

㉖
$$\begin{array}{r} 6 \\ \times\ 12 \\ \hline \end{array}$$

㉗
$$\begin{array}{r} 2 \\ \times\ 6 \\ \hline \end{array}$$

㉘
$$\begin{array}{r} 7 \\ \times\ 11 \\ \hline \end{array}$$

㉙
$$\begin{array}{r} 5 \\ \times\ 4 \\ \hline \end{array}$$

㉚
$$\begin{array}{r} 3 \\ \times\ 5 \\ \hline \end{array}$$

㉛
$$\begin{array}{r} 3 \\ \times\ 4 \\ \hline \end{array}$$

㉜
$$\begin{array}{r} 6 \\ \times\ 7 \\ \hline \end{array}$$

㉝
$$\begin{array}{r} 9 \\ \times\ 3 \\ \hline \end{array}$$

㉞
$$\begin{array}{r} 11 \\ \times\ 8 \\ \hline \end{array}$$

㉟
$$\begin{array}{r} 12 \\ \times\ 11 \\ \hline \end{array}$$

①
$$\begin{array}{r} 6 \\ \times\ 4 \\ \hline \end{array}$$

②
$$\begin{array}{r} 4 \\ \times\ 11 \\ \hline \end{array}$$

③
$$\begin{array}{r} 5 \\ \times\ 10 \\ \hline \end{array}$$

④
$$\begin{array}{r} 10 \\ \times\ 8 \\ \hline \end{array}$$

⑤
$$\begin{array}{r} 2 \\ \times\ 10 \\ \hline \end{array}$$

⑥
$$\begin{array}{r} 7 \\ \times\ 10 \\ \hline \end{array}$$

⑦
$$\begin{array}{r} 4 \\ \times\ 6 \\ \hline \end{array}$$

⑧
$$\begin{array}{r} 8 \\ \times\ 7 \\ \hline \end{array}$$

⑨
$$\begin{array}{r} 9 \\ \times\ 5 \\ \hline \end{array}$$

⑩
$$\begin{array}{r} 3 \\ \times\ 5 \\ \hline \end{array}$$

⑪
$$\begin{array}{r} 3 \\ \times\ 7 \\ \hline \end{array}$$

⑫
$$\begin{array}{r} 12 \\ \times\ 6 \\ \hline \end{array}$$

⑬
$$\begin{array}{r} 11 \\ \times\ 12 \\ \hline \end{array}$$

⑭
$$\begin{array}{r} 10 \\ \times\ 6 \\ \hline \end{array}$$

⑮
$$\begin{array}{r} 2 \\ \times\ 2 \\ \hline \end{array}$$

⑯
$$\begin{array}{r} 3 \\ \times\ 9 \\ \hline \end{array}$$

⑰
$$\begin{array}{r} 6 \\ \times\ 9 \\ \hline \end{array}$$

⑱
$$\begin{array}{r} 2 \\ \times\ 6 \\ \hline \end{array}$$

⑲
$$\begin{array}{r} 10 \\ \times\ 5 \\ \hline \end{array}$$

⑳
$$\begin{array}{r} 4 \\ \times\ 9 \\ \hline \end{array}$$

㉑
$$\begin{array}{r} 10 \\ \times\ 11 \\ \hline \end{array}$$

㉒
$$\begin{array}{r} 6 \\ \times\ 2 \\ \hline \end{array}$$

㉓
$$\begin{array}{r} 10 \\ \times\ 4 \\ \hline \end{array}$$

㉔
$$\begin{array}{r} 11 \\ \times\ 5 \\ \hline \end{array}$$

㉕
$$\begin{array}{r} 11 \\ \times\ 7 \\ \hline \end{array}$$

㉖
$$\begin{array}{r} 12 \\ \times\ 4 \\ \hline \end{array}$$

㉗
$$\begin{array}{r} 4 \\ \times\ 2 \\ \hline \end{array}$$

㉘
$$\begin{array}{r} 9 \\ \times\ 8 \\ \hline \end{array}$$

㉙
$$\begin{array}{r} 7 \\ \times\ 8 \\ \hline \end{array}$$

㉚
$$\begin{array}{r} 11 \\ \times\ 10 \\ \hline \end{array}$$

㉛
$$\begin{array}{r} 5 \\ \times\ 7 \\ \hline \end{array}$$

㉜
$$\begin{array}{r} 4 \\ \times\ 5 \\ \hline \end{array}$$

㉝
$$\begin{array}{r} 9 \\ \times\ 11 \\ \hline \end{array}$$

㉞
$$\begin{array}{r} 6 \\ \times\ 12 \\ \hline \end{array}$$

㉟
$$\begin{array}{r} 4 \\ \times\ 11 \\ \hline \end{array}$$

①
```
     8
  ×  7
```

②
```
    11
  ×  3
```

③
```
    12
  ×  3
```

④
```
     5
  ×  6
```

⑤
```
     8
  ×  4
```

⑥
```
     4
  × 11
```

⑦
```
     6
  × 11
```

⑧
```
     4
  × 10
```

⑨
```
     7
  ×  9
```

⑩
```
     8
  ×  2
```

⑪
```
     4
  ×  2
```

⑫
```
     6
  × 11
```

⑬
```
     5
  × 12
```

⑭
```
     3
  ×  6
```

⑮
```
     3
  × 11
```

⑯
```
     4
  ×  9
```

⑰
```
     9
  × 10
```

⑱
```
     7
  ×  2
```

⑲
```
    10
  ×  5
```

⑳
```
    12
  × 10
```

㉑
```
     8
  ×  6
```

㉒
```
     2
  ×  7
```

㉓
```
     2
  × 11
```

㉔
```
     7
  ×  7
```

㉕
```
    11
  × 10
```

㉖
```
    11
  ×  8
```

㉗
```
     8
  ×  7
```

㉘
```
    10
  ×  2
```

㉙
```
     7
  ×  2
```

㉚
```
     3
  ×  5
```

㉛
```
    12
  ×  7
```

㉜
```
     6
  ×  3
```

㉝
```
     3
  ×  9
```

㉞
```
     2
  ×  7
```

㉟
```
     5
  × 10
```

①
$$\begin{array}{r} 2 \\ \times\ 10 \\ \hline \end{array}$$

②
$$\begin{array}{r} 12 \\ \times\ 7 \\ \hline \end{array}$$

③
$$\begin{array}{r} 2 \\ \times\ 12 \\ \hline \end{array}$$

④
$$\begin{array}{r} 11 \\ \times\ 10 \\ \hline \end{array}$$

⑤
$$\begin{array}{r} 12 \\ \times\ 9 \\ \hline \end{array}$$

⑥
$$\begin{array}{r} 11 \\ \times\ 2 \\ \hline \end{array}$$

⑦
$$\begin{array}{r} 11 \\ \times\ 7 \\ \hline \end{array}$$

⑧
$$\begin{array}{r} 5 \\ \times\ 11 \\ \hline \end{array}$$

⑨
$$\begin{array}{r} 12 \\ \times\ 11 \\ \hline \end{array}$$

⑩
$$\begin{array}{r} 10 \\ \times\ 5 \\ \hline \end{array}$$

⑪
$$\begin{array}{r} 11 \\ \times\ 11 \\ \hline \end{array}$$

⑫
$$\begin{array}{r} 7 \\ \times\ 12 \\ \hline \end{array}$$

⑬
$$\begin{array}{r} 12 \\ \times\ 7 \\ \hline \end{array}$$

⑭
$$\begin{array}{r} 2 \\ \times\ 12 \\ \hline \end{array}$$

⑮
$$\begin{array}{r} 7 \\ \times\ 2 \\ \hline \end{array}$$

⑯
$$\begin{array}{r} 4 \\ \times\ 2 \\ \hline \end{array}$$

⑰
$$\begin{array}{r} 3 \\ \times\ 3 \\ \hline \end{array}$$

⑱
$$\begin{array}{r} 11 \\ \times\ 4 \\ \hline \end{array}$$

⑲
$$\begin{array}{r} 7 \\ \times\ 9 \\ \hline \end{array}$$

⑳
$$\begin{array}{r} 5 \\ \times\ 11 \\ \hline \end{array}$$

㉑
$$\begin{array}{r} 12 \\ \times\ 5 \\ \hline \end{array}$$

㉒
$$\begin{array}{r} 11 \\ \times\ 8 \\ \hline \end{array}$$

㉓
$$\begin{array}{r} 7 \\ \times\ 11 \\ \hline \end{array}$$

㉔
$$\begin{array}{r} 12 \\ \times\ 6 \\ \hline \end{array}$$

㉕
$$\begin{array}{r} 12 \\ \times\ 7 \\ \hline \end{array}$$

㉖
$$\begin{array}{r} 12 \\ \times\ 10 \\ \hline \end{array}$$

㉗
$$\begin{array}{r} 4 \\ \times\ 4 \\ \hline \end{array}$$

㉘
$$\begin{array}{r} 2 \\ \times\ 9 \\ \hline \end{array}$$

㉙
$$\begin{array}{r} 12 \\ \times\ 3 \\ \hline \end{array}$$

㉚
$$\begin{array}{r} 12 \\ \times\ 6 \\ \hline \end{array}$$

㉛
$$\begin{array}{r} 12 \\ \times\ 9 \\ \hline \end{array}$$

㉜
$$\begin{array}{r} 9 \\ \times\ 7 \\ \hline \end{array}$$

㉝
$$\begin{array}{r} 10 \\ \times\ 12 \\ \hline \end{array}$$

㉞
$$\begin{array}{r} 6 \\ \times\ 11 \\ \hline \end{array}$$

㉟
$$\begin{array}{r} 4 \\ \times\ 6 \\ \hline \end{array}$$

①
$$\begin{array}{r} 2 \\ \times\ 6 \\ \hline \end{array}$$

②
$$\begin{array}{r} 11 \\ \times\ 12 \\ \hline \end{array}$$

③
$$\begin{array}{r} 12 \\ \times\ 9 \\ \hline \end{array}$$

④
$$\begin{array}{r} 6 \\ \times\ 9 \\ \hline \end{array}$$

⑤
$$\begin{array}{r} 3 \\ \times\ 3 \\ \hline \end{array}$$

⑥
$$\begin{array}{r} 2 \\ \times\ 4 \\ \hline \end{array}$$

⑦
$$\begin{array}{r} 5 \\ \times\ 4 \\ \hline \end{array}$$

⑧
$$\begin{array}{r} 8 \\ \times\ 5 \\ \hline \end{array}$$

⑨
$$\begin{array}{r} 3 \\ \times\ 2 \\ \hline \end{array}$$

⑩
$$\begin{array}{r} 7 \\ \times\ 4 \\ \hline \end{array}$$

⑪
$$\begin{array}{r} 7 \\ \times\ 9 \\ \hline \end{array}$$

⑫
$$\begin{array}{r} 11 \\ \times\ 7 \\ \hline \end{array}$$

⑬
$$\begin{array}{r} 9 \\ \times\ 2 \\ \hline \end{array}$$

⑭
$$\begin{array}{r} 9 \\ \times\ 2 \\ \hline \end{array}$$

⑮
$$\begin{array}{r} 10 \\ \times\ 5 \\ \hline \end{array}$$

⑯
$$\begin{array}{r} 3 \\ \times\ 6 \\ \hline \end{array}$$

⑰
$$\begin{array}{r} 11 \\ \times\ 3 \\ \hline \end{array}$$

⑱
$$\begin{array}{r} 5 \\ \times\ 7 \\ \hline \end{array}$$

⑲
$$\begin{array}{r} 2 \\ \times\ 4 \\ \hline \end{array}$$

⑳
$$\begin{array}{r} 4 \\ \times\ 11 \\ \hline \end{array}$$

㉑
$$\begin{array}{r} 4 \\ \times\ 11 \\ \hline \end{array}$$

㉒
$$\begin{array}{r} 4 \\ \times\ 2 \\ \hline \end{array}$$

㉓
$$\begin{array}{r} 12 \\ \times\ 10 \\ \hline \end{array}$$

㉔
$$\begin{array}{r} 10 \\ \times\ 11 \\ \hline \end{array}$$

㉕
$$\begin{array}{r} 10 \\ \times\ 6 \\ \hline \end{array}$$

㉖
$$\begin{array}{r} 9 \\ \times\ 12 \\ \hline \end{array}$$

㉗
$$\begin{array}{r} 3 \\ \times\ 9 \\ \hline \end{array}$$

㉘
$$\begin{array}{r} 12 \\ \times\ 7 \\ \hline \end{array}$$

㉙
$$\begin{array}{r} 4 \\ \times\ 7 \\ \hline \end{array}$$

㉚
$$\begin{array}{r} 2 \\ \times\ 8 \\ \hline \end{array}$$

㉛
$$\begin{array}{r} 7 \\ \times\ 7 \\ \hline \end{array}$$

㉜
$$\begin{array}{r} 6 \\ \times\ 8 \\ \hline \end{array}$$

㉝
$$\begin{array}{r} 12 \\ \times\ 2 \\ \hline \end{array}$$

㉞
$$\begin{array}{r} 2 \\ \times\ 8 \\ \hline \end{array}$$

㉟
$$\begin{array}{r} 3 \\ \times\ 10 \\ \hline \end{array}$$

①
$$\begin{array}{r} 3 \\ \times\ 4 \\ \hline \end{array}$$

②
$$\begin{array}{r} 7 \\ \times\ 8 \\ \hline \end{array}$$

③
$$\begin{array}{r} 8 \\ \times\ 3 \\ \hline \end{array}$$

④
$$\begin{array}{r} 2 \\ \times\ 8 \\ \hline \end{array}$$

⑤
$$\begin{array}{r} 7 \\ \times\ 4 \\ \hline \end{array}$$

⑥
$$\begin{array}{r} 5 \\ \times\ 3 \\ \hline \end{array}$$

⑦
$$\begin{array}{r} 4 \\ \times\ 10 \\ \hline \end{array}$$

⑧
$$\begin{array}{r} 8 \\ \times\ 3 \\ \hline \end{array}$$

⑨
$$\begin{array}{r} 10 \\ \times\ 7 \\ \hline \end{array}$$

⑩
$$\begin{array}{r} 7 \\ \times\ 10 \\ \hline \end{array}$$

⑪
$$\begin{array}{r} 6 \\ \times\ 2 \\ \hline \end{array}$$

⑫
$$\begin{array}{r} 4 \\ \times\ 11 \\ \hline \end{array}$$

⑬
$$\begin{array}{r} 3 \\ \times\ 2 \\ \hline \end{array}$$

⑭
$$\begin{array}{r} 11 \\ \times\ 3 \\ \hline \end{array}$$

⑮
$$\begin{array}{r} 2 \\ \times\ 8 \\ \hline \end{array}$$

⑯
$$\begin{array}{r} 3 \\ \times\ 11 \\ \hline \end{array}$$

⑰
$$\begin{array}{r} 12 \\ \times\ 8 \\ \hline \end{array}$$

⑱
$$\begin{array}{r} 6 \\ \times\ 9 \\ \hline \end{array}$$

⑲
$$\begin{array}{r} 5 \\ \times\ 3 \\ \hline \end{array}$$

⑳
$$\begin{array}{r} 6 \\ \times\ 2 \\ \hline \end{array}$$

㉑
$$\begin{array}{r} 7 \\ \times\ 8 \\ \hline \end{array}$$

㉒
$$\begin{array}{r} 2 \\ \times\ 9 \\ \hline \end{array}$$

㉓
$$\begin{array}{r} 5 \\ \times\ 11 \\ \hline \end{array}$$

㉔
$$\begin{array}{r} 12 \\ \times\ 11 \\ \hline \end{array}$$

㉕
$$\begin{array}{r} 8 \\ \times\ 2 \\ \hline \end{array}$$

㉖
$$\begin{array}{r} 4 \\ \times\ 5 \\ \hline \end{array}$$

㉗
$$\begin{array}{r} 2 \\ \times\ 8 \\ \hline \end{array}$$

㉘
$$\begin{array}{r} 4 \\ \times\ 10 \\ \hline \end{array}$$

㉙
$$\begin{array}{r} 8 \\ \times\ 3 \\ \hline \end{array}$$

㉚
$$\begin{array}{r} 5 \\ \times\ 8 \\ \hline \end{array}$$

㉛
$$\begin{array}{r} 7 \\ \times\ 2 \\ \hline \end{array}$$

㉜
$$\begin{array}{r} 5 \\ \times\ 6 \\ \hline \end{array}$$

㉝
$$\begin{array}{r} 11 \\ \times\ 4 \\ \hline \end{array}$$

㉞
$$\begin{array}{r} 7 \\ \times\ 3 \\ \hline \end{array}$$

㉟
$$\begin{array}{r} 3 \\ \times\ 3 \\ \hline \end{array}$$

①
```
    11
×   11
```

②
```
     3
×    7
```

③
```
     8
×    7
```

④
```
    11
×    9
```

⑤
```
    10
×   11
```

⑥
```
     4
×    3
```

⑦
```
     6
×   12
```

⑧
```
     4
×   10
```

⑨
```
     3
×    9
```

⑩
```
     5
×   11
```

⑪
```
     4
×    8
```

⑫
```
    12
×    8
```

⑬
```
    10
×    8
```

⑭
```
     8
×    2
```

⑮
```
     7
×    6
```

⑯
```
     9
×    8
```

⑰
```
     7
×    3
```

⑱
```
     2
×    3
```

⑲
```
     3
×    2
```

⑳
```
    10
×    8
```

㉑
```
     4
×    9
```

㉒
```
     9
×    9
```

㉓
```
     4
×    2
```

㉔
```
     6
×    3
```

㉕
```
    10
×    9
```

㉖
```
     7
×   11
```

㉗
```
    10
×    7
```

㉘
```
     2
×    4
```

㉙
```
     9
×   11
```

㉚
```
     4
×    3
```

㉛
```
     3
×   10
```

㉜
```
    11
×   12
```

㉝
```
     7
×    9
```

㉞
```
    11
×    3
```

㉟
```
     8
×    6
```

①
   3
×   3

②
   6
×   8

③
   6
×   7

④
   3
×   10

⑤
   11
×   8

⑥
   2
×   9

⑦
   3
×   6

⑧
   5
×   8

⑨
   9
×   2

⑩
   6
×   2

⑪
   9
×   10

⑫
   12
×   11

⑬
   4
×   6

⑭
   11
×   2

⑮
   12
×   2

⑯
   9
×   11

⑰
   7
×   5

⑱
   4
×   11

⑲
   9
×   10

⑳
   2
×   5

㉑
   11
×   11

㉒
   12
×   10

㉓
   4
×   6

㉔
   4
×   5

㉕
   5
×   2

㉖
   8
×   4

㉗
   6
×   5

㉘
   11
×   9

㉙
   10
×   3

㉚
   6
×   9

㉛
   12
×   3

㉜
   11
×   6

㉝
   5
×   4

㉞
   12
×   6

㉟
   2
×   6

①
$$\begin{array}{r} 8 \\ \times\ 11 \\ \hline \end{array}$$

②
$$\begin{array}{r} 5 \\ \times\ 12 \\ \hline \end{array}$$

③
$$\begin{array}{r} 9 \\ \times\ 12 \\ \hline \end{array}$$

④
$$\begin{array}{r} 5 \\ \times\ 11 \\ \hline \end{array}$$

⑤
$$\begin{array}{r} 2 \\ \times\ 5 \\ \hline \end{array}$$

⑥
$$\begin{array}{r} 8 \\ \times\ 12 \\ \hline \end{array}$$

⑦
$$\begin{array}{r} 5 \\ \times\ 10 \\ \hline \end{array}$$

⑧
$$\begin{array}{r} 12 \\ \times\ 11 \\ \hline \end{array}$$

⑨
$$\begin{array}{r} 2 \\ \times\ 12 \\ \hline \end{array}$$

⑩
$$\begin{array}{r} 6 \\ \times\ 11 \\ \hline \end{array}$$

⑪
$$\begin{array}{r} 7 \\ \times\ 5 \\ \hline \end{array}$$

⑫
$$\begin{array}{r} 11 \\ \times\ 4 \\ \hline \end{array}$$

⑬
$$\begin{array}{r} 8 \\ \times\ 9 \\ \hline \end{array}$$

⑭
$$\begin{array}{r} 4 \\ \times\ 9 \\ \hline \end{array}$$

⑮
$$\begin{array}{r} 7 \\ \times\ 10 \\ \hline \end{array}$$

⑯
$$\begin{array}{r} 8 \\ \times\ 7 \\ \hline \end{array}$$

⑰
$$\begin{array}{r} 8 \\ \times\ 2 \\ \hline \end{array}$$

⑱
$$\begin{array}{r} 6 \\ \times\ 8 \\ \hline \end{array}$$

⑲
$$\begin{array}{r} 2 \\ \times\ 10 \\ \hline \end{array}$$

⑳
$$\begin{array}{r} 7 \\ \times\ 3 \\ \hline \end{array}$$

㉑
$$\begin{array}{r} 8 \\ \times\ 4 \\ \hline \end{array}$$

㉒
$$\begin{array}{r} 8 \\ \times\ 4 \\ \hline \end{array}$$

㉓
$$\begin{array}{r} 6 \\ \times\ 8 \\ \hline \end{array}$$

㉔
$$\begin{array}{r} 6 \\ \times\ 9 \\ \hline \end{array}$$

㉕
$$\begin{array}{r} 3 \\ \times\ 2 \\ \hline \end{array}$$

㉖
$$\begin{array}{r} 8 \\ \times\ 9 \\ \hline \end{array}$$

㉗
$$\begin{array}{r} 6 \\ \times\ 6 \\ \hline \end{array}$$

㉘
$$\begin{array}{r} 10 \\ \times\ 9 \\ \hline \end{array}$$

㉙
$$\begin{array}{r} 10 \\ \times\ 8 \\ \hline \end{array}$$

㉚
$$\begin{array}{r} 6 \\ \times\ 11 \\ \hline \end{array}$$

㉛
$$\begin{array}{r} 2 \\ \times\ 7 \\ \hline \end{array}$$

㉜
$$\begin{array}{r} 12 \\ \times\ 11 \\ \hline \end{array}$$

㉝
$$\begin{array}{r} 5 \\ \times\ 5 \\ \hline \end{array}$$

㉞
$$\begin{array}{r} 7 \\ \times\ 9 \\ \hline \end{array}$$

㉟
$$\begin{array}{r} 5 \\ \times\ 9 \\ \hline \end{array}$$

①
```
    10
×    5
```

②
```
    10
×    5
```

③
```
    10
×    5
```

④
```
    12
×    2
```

⑤
```
     3
×   11
```

⑥
```
     6
×    6
```

⑦
```
     6
×   11
```

⑧
```
     8
×    8
```

⑨
```
     2
×    8
```

⑩
```
    10
×    8
```

⑪
```
     9
×   10
```

⑫
```
     9
×    5
```

⑬
```
    12
×    7
```

⑭
```
     6
×    3
```

⑮
```
     6
×    4
```

⑯
```
     9
×    6
```

⑰
```
     8
×    3
```

⑱
```
    12
×   10
```

⑲
```
     7
×    8
```

⑳
```
     2
×    5
```

㉑
```
     8
×    9
```

㉒
```
    12
×    7
```

㉓
```
    11
×    7
```

㉔
```
     4
×    3
```

㉕
```
     2
×    5
```

㉖
```
     7
×    8
```

㉗
```
     3
×    6
```

㉘
```
     9
×    8
```

㉙
```
    10
×    9
```

㉚
```
     7
×   12
```

㉛
```
    10
×    7
```

㉜
```
     8
×   12
```

㉝
```
     9
×    2
```

㉞
```
     2
×    4
```

㉟
```
    12
×   11
```

①
    3
×   9

②
    4
×   5

③
    8
× 10

④
    3
×   5

⑤
    4
×   8

⑥
    5
×   8

⑦
    2
×   4

⑧
    7
×   8

⑨
    5
×   8

⑩
   10
×   9

⑪
    2
×   4

⑫
    5
×   5

⑬
    9
×   3

⑭
    7
×   7

⑮
    7
×   8

⑯
    3
× 12

⑰
    6
×   8

⑱
    4
×   7

⑲
    7
×   5

⑳
    7
×   6

㉑
    8
×   6

㉒
    2
×   2

㉓
    9
×   5

㉔
    8
× 10

㉕
    7
×   2

㉖
    4
×   2

㉗
    7
×   9

㉘
   11
× 10

㉙
    4
×   2

㉚
    5
×   5

㉛
    7
×   4

㉜
    6
×   9

㉝
   10
×   7

㉞
    2
×   9

㉟
    6
×   9

①
  8
× 3

②
  7
× 7

③
  9
× 10

④
  7
× 3

⑤
  4
× 5

⑥
  8
× 2

⑦
  4
× 5

⑧
  10
× 9

⑨
  7
× 10

⑩
  12
× 10

⑪
  5
× 5

⑫
  11
× 11

⑬
  2
× 8

⑭
  12
× 12

⑮
  12
× 11

⑯
  7
× 8

⑰
  9
× 10

⑱
  7
× 7

⑲
  11
× 8

⑳
  3
× 6

㉑
  8
× 5

㉒
  7
× 7

㉓
  6
× 12

㉔
  2
× 4

㉕
  9
× 9

㉖
  5
× 12

㉗
  2
× 3

㉘
  9
× 6

㉙
  4
× 3

㉚
  7
× 4

㉛
  7
× 2

㉜
  3
× 10

㉝
  8
× 4

㉞
  8
× 10

㉟
  2
× 2

①
$$\begin{array}{r} 9 \\ \times\ 5 \\ \hline \end{array}$$

②
$$\begin{array}{r} 10 \\ \times\ 4 \\ \hline \end{array}$$

③
$$\begin{array}{r} 6 \\ \times\ 7 \\ \hline \end{array}$$

④
$$\begin{array}{r} 7 \\ \times\ 10 \\ \hline \end{array}$$

⑤
$$\begin{array}{r} 6 \\ \times\ 8 \\ \hline \end{array}$$

⑥
$$\begin{array}{r} 2 \\ \times\ 6 \\ \hline \end{array}$$

⑦
$$\begin{array}{r} 2 \\ \times\ 6 \\ \hline \end{array}$$

⑧
$$\begin{array}{r} 3 \\ \times\ 11 \\ \hline \end{array}$$

⑨
$$\begin{array}{r} 12 \\ \times\ 2 \\ \hline \end{array}$$

⑩
$$\begin{array}{r} 4 \\ \times\ 7 \\ \hline \end{array}$$

⑪
$$\begin{array}{r} 6 \\ \times\ 2 \\ \hline \end{array}$$

⑫
$$\begin{array}{r} 6 \\ \times\ 8 \\ \hline \end{array}$$

⑬
$$\begin{array}{r} 11 \\ \times\ 12 \\ \hline \end{array}$$

⑭
$$\begin{array}{r} 9 \\ \times\ 8 \\ \hline \end{array}$$

⑮
$$\begin{array}{r} 10 \\ \times\ 6 \\ \hline \end{array}$$

⑯
$$\begin{array}{r} 3 \\ \times\ 6 \\ \hline \end{array}$$

⑰
$$\begin{array}{r} 8 \\ \times\ 5 \\ \hline \end{array}$$

⑱
$$\begin{array}{r} 11 \\ \times\ 8 \\ \hline \end{array}$$

⑲
$$\begin{array}{r} 11 \\ \times\ 9 \\ \hline \end{array}$$

⑳
$$\begin{array}{r} 8 \\ \times\ 8 \\ \hline \end{array}$$

㉑
$$\begin{array}{r} 10 \\ \times\ 9 \\ \hline \end{array}$$

㉒
$$\begin{array}{r} 7 \\ \times\ 10 \\ \hline \end{array}$$

㉓
$$\begin{array}{r} 8 \\ \times\ 3 \\ \hline \end{array}$$

㉔
$$\begin{array}{r} 5 \\ \times\ 10 \\ \hline \end{array}$$

㉕
$$\begin{array}{r} 5 \\ \times\ 9 \\ \hline \end{array}$$

㉖
$$\begin{array}{r} 3 \\ \times\ 12 \\ \hline \end{array}$$

㉗
$$\begin{array}{r} 2 \\ \times\ 11 \\ \hline \end{array}$$

㉘
$$\begin{array}{r} 6 \\ \times\ 5 \\ \hline \end{array}$$

㉙
$$\begin{array}{r} 4 \\ \times\ 11 \\ \hline \end{array}$$

㉚
$$\begin{array}{r} 12 \\ \times\ 10 \\ \hline \end{array}$$

㉛
$$\begin{array}{r} 11 \\ \times\ 8 \\ \hline \end{array}$$

㉜
$$\begin{array}{r} 6 \\ \times\ 10 \\ \hline \end{array}$$

㉝
$$\begin{array}{r} 10 \\ \times\ 2 \\ \hline \end{array}$$

㉞
$$\begin{array}{r} 6 \\ \times\ 5 \\ \hline \end{array}$$

㉟
$$\begin{array}{r} 11 \\ \times\ 4 \\ \hline \end{array}$$

① 　　11
　　× 12

② 　　　4
　　× 11

③ 　　11
　　×　4

④ 　　　6
　　×　3

⑤ 　　12
　　×　9

⑥ 　　　3
　　× 11

⑦ 　　　9
　　×　7

⑧ 　　　8
　　× 11

⑨ 　　　8
　　×　5

⑩ 　　　2
　　× 11

⑪ 　　10
　　×　9

⑫ 　　　7
　　×　2

⑬ 　　　7
　　×　8

⑭ 　　　7
　　×　3

⑮ 　　　8
　　× 10

⑯ 　　　3
　　×　2

⑰ 　　　7
　　×　3

⑱ 　　　3
　　×　8

⑲ 　　　7
　　×　3

⑳ 　　　4
　　×　5

㉑ 　　　7
　　×　3

㉒ 　　　9
　　×　5

㉓ 　　　2
　　×　9

㉔ 　　　5
　　×　8

㉕ 　　12
　　×　3

㉖ 　　　9
　　×　9

㉗ 　　　3
　　×　9

㉘ 　　11
　　×　3

㉙ 　　　8
　　×　8

㉚ 　　　3
　　×　6

㉛ 　　10
　　× 12

㉜ 　　　7
　　× 11

㉝ 　　　2
　　× 11

㉞ 　　12
　　×　7

㉟ 　　　7
　　×　8

①
$$\begin{array}{r} 4 \\ \times\ 9 \\ \hline \end{array}$$

②
$$\begin{array}{r} 2 \\ \times\ 8 \\ \hline \end{array}$$

③
$$\begin{array}{r} 3 \\ \times\ 5 \\ \hline \end{array}$$

④
$$\begin{array}{r} 2 \\ \times\ 2 \\ \hline \end{array}$$

⑤
$$\begin{array}{r} 8 \\ \times\ 3 \\ \hline \end{array}$$

⑥
$$\begin{array}{r} 2 \\ \times\ 8 \\ \hline \end{array}$$

⑦
$$\begin{array}{r} 3 \\ \times\ 2 \\ \hline \end{array}$$

⑧
$$\begin{array}{r} 9 \\ \times\ 10 \\ \hline \end{array}$$

⑨
$$\begin{array}{r} 9 \\ \times\ 7 \\ \hline \end{array}$$

⑩
$$\begin{array}{r} 6 \\ \times\ 5 \\ \hline \end{array}$$

⑪
$$\begin{array}{r} 7 \\ \times\ 12 \\ \hline \end{array}$$

⑫
$$\begin{array}{r} 2 \\ \times\ 11 \\ \hline \end{array}$$

⑬
$$\begin{array}{r} 10 \\ \times\ 2 \\ \hline \end{array}$$

⑭
$$\begin{array}{r} 9 \\ \times\ 4 \\ \hline \end{array}$$

⑮
$$\begin{array}{r} 10 \\ \times\ 12 \\ \hline \end{array}$$

⑯
$$\begin{array}{r} 3 \\ \times\ 3 \\ \hline \end{array}$$

⑰
$$\begin{array}{r} 2 \\ \times\ 11 \\ \hline \end{array}$$

⑱
$$\begin{array}{r} 7 \\ \times\ 8 \\ \hline \end{array}$$

⑲
$$\begin{array}{r} 6 \\ \times\ 2 \\ \hline \end{array}$$

⑳
$$\begin{array}{r} 4 \\ \times\ 12 \\ \hline \end{array}$$

㉑
$$\begin{array}{r} 11 \\ \times\ 8 \\ \hline \end{array}$$

㉒
$$\begin{array}{r} 8 \\ \times\ 12 \\ \hline \end{array}$$

㉓
$$\begin{array}{r} 9 \\ \times\ 10 \\ \hline \end{array}$$

㉔
$$\begin{array}{r} 3 \\ \times\ 11 \\ \hline \end{array}$$

㉕
$$\begin{array}{r} 9 \\ \times\ 12 \\ \hline \end{array}$$

㉖
$$\begin{array}{r} 7 \\ \times\ 4 \\ \hline \end{array}$$

㉗
$$\begin{array}{r} 12 \\ \times\ 5 \\ \hline \end{array}$$

㉘
$$\begin{array}{r} 3 \\ \times\ 9 \\ \hline \end{array}$$

㉙
$$\begin{array}{r} 12 \\ \times\ 4 \\ \hline \end{array}$$

㉚
$$\begin{array}{r} 4 \\ \times\ 9 \\ \hline \end{array}$$

㉛
$$\begin{array}{r} 11 \\ \times\ 8 \\ \hline \end{array}$$

㉜
$$\begin{array}{r} 6 \\ \times\ 4 \\ \hline \end{array}$$

㉝
$$\begin{array}{r} 7 \\ \times\ 8 \\ \hline \end{array}$$

㉞
$$\begin{array}{r} 3 \\ \times\ 8 \\ \hline \end{array}$$

㉟
$$\begin{array}{r} 7 \\ \times\ 4 \\ \hline \end{array}$$

①
$$\begin{array}{r} 3 \\ \times\ 5 \\ \hline \end{array}$$

②
$$\begin{array}{r} 3 \\ \times\ 8 \\ \hline \end{array}$$

③
$$\begin{array}{r} 9 \\ \times\ 12 \\ \hline \end{array}$$

④
$$\begin{array}{r} 4 \\ \times\ 10 \\ \hline \end{array}$$

⑤
$$\begin{array}{r} 10 \\ \times\ 4 \\ \hline \end{array}$$

⑥
$$\begin{array}{r} 9 \\ \times\ 4 \\ \hline \end{array}$$

⑦
$$\begin{array}{r} 6 \\ \times\ 6 \\ \hline \end{array}$$

⑧
$$\begin{array}{r} 6 \\ \times\ 4 \\ \hline \end{array}$$

⑨
$$\begin{array}{r} 8 \\ \times\ 3 \\ \hline \end{array}$$

⑩
$$\begin{array}{r} 6 \\ \times\ 12 \\ \hline \end{array}$$

⑪
$$\begin{array}{r} 10 \\ \times\ 11 \\ \hline \end{array}$$

⑫
$$\begin{array}{r} 2 \\ \times\ 6 \\ \hline \end{array}$$

⑬
$$\begin{array}{r} 5 \\ \times\ 4 \\ \hline \end{array}$$

⑭
$$\begin{array}{r} 7 \\ \times\ 9 \\ \hline \end{array}$$

⑮
$$\begin{array}{r} 12 \\ \times\ 11 \\ \hline \end{array}$$

⑯
$$\begin{array}{r} 11 \\ \times\ 8 \\ \hline \end{array}$$

⑰
$$\begin{array}{r} 12 \\ \times\ 10 \\ \hline \end{array}$$

⑱
$$\begin{array}{r} 6 \\ \times\ 6 \\ \hline \end{array}$$

⑲
$$\begin{array}{r} 7 \\ \times\ 10 \\ \hline \end{array}$$

⑳
$$\begin{array}{r} 4 \\ \times\ 5 \\ \hline \end{array}$$

㉑
$$\begin{array}{r} 5 \\ \times\ 2 \\ \hline \end{array}$$

㉒
$$\begin{array}{r} 9 \\ \times\ 10 \\ \hline \end{array}$$

㉓
$$\begin{array}{r} 8 \\ \times\ 10 \\ \hline \end{array}$$

㉔
$$\begin{array}{r} 9 \\ \times\ 8 \\ \hline \end{array}$$

㉕
$$\begin{array}{r} 6 \\ \times\ 12 \\ \hline \end{array}$$

㉖
$$\begin{array}{r} 12 \\ \times\ 10 \\ \hline \end{array}$$

㉗
$$\begin{array}{r} 8 \\ \times\ 4 \\ \hline \end{array}$$

㉘
$$\begin{array}{r} 9 \\ \times\ 7 \\ \hline \end{array}$$

㉙
$$\begin{array}{r} 6 \\ \times\ 11 \\ \hline \end{array}$$

㉚
$$\begin{array}{r} 5 \\ \times\ 9 \\ \hline \end{array}$$

㉛
$$\begin{array}{r} 9 \\ \times\ 6 \\ \hline \end{array}$$

㉜
$$\begin{array}{r} 8 \\ \times\ 7 \\ \hline \end{array}$$

㉝
$$\begin{array}{r} 12 \\ \times\ 7 \\ \hline \end{array}$$

㉞
$$\begin{array}{r} 2 \\ \times\ 8 \\ \hline \end{array}$$

㉟
$$\begin{array}{r} 2 \\ \times\ 3 \\ \hline \end{array}$$

ANSWERS

Worksheet 1

①	9	②	9	③	3	④	6	⑤	10	⑥	7	⑦	3
⑧	5	⑨	6	⑩	7	⑪	4	⑫	0	⑬	4	⑭	8
⑮	4	⑯	0	⑰	8	⑱	4	⑲	4	⑳	3	㉑	9
㉒	7	㉓	2	㉔	8	㉕	2	㉖	9	㉗	0	㉘	0
㉙	8	㉚	1	㉛	2	㉜	0	㉝	7	㉞	9	㉟	1

Worksheet 2

①	4	②	2	③	4	④	3	⑤	9	⑥	4	⑦	1
⑧	5	⑨	5	⑩	6	⑪	9	⑫	3	⑬	6	⑭	4
⑮	0	⑯	9	⑰	4	⑱	10	⑲	5	⑳	3	㉑	10
㉒	3	㉓	10	㉔	5	㉕	10	㉖	0	㉗	10	㉘	10
㉙	1	㉚	0	㉛	10	㉜	5	㉝	6	㉞	9	㉟	9

Worksheet 3

①	10	②	8	③	6	④	4	⑤	14	⑥	0	⑦	18
⑧	4	⑨	2	⑩	20	⑪	20	⑫	18	⑬	10	⑭	10
⑮	16	⑯	0	⑰	12	⑱	8	⑲	2	⑳	6	㉑	8
㉒	6	㉓	20	㉔	2	㉕	8	㉖	14	㉗	2	㉘	8
㉙	18	㉚	12	㉛	4	㉜	2	㉝	14	㉞	18	㉟	4

Worksheet 4

①	2	②	20	③	0	④	2	⑤	16	⑥	2	⑦	20
⑧	8	⑨	10	⑩	12	⑪	10	⑫	2	⑬	0	⑭	0
⑮	14	⑯	8	⑰	0	⑱	0	⑲	4	⑳	12	㉑	0
㉒	14	㉓	18	㉔	0	㉕	10	㉖	18	㉗	20	㉘	0
㉙	16	㉚	4	㉛	18	㉜	4	㉝	18	㉞	2	㉟	8

Worksheet 5

①	21	②	12	③	30	④	15	⑤	24	⑥	0	⑦	27
⑧	21	⑨	27	⑩	3	⑪	12	⑫	9	⑬	12	⑭	15
⑮	0	⑯	9	⑰	15	⑱	3	⑲	15	⑳	6	㉑	30
㉒	24	㉓	18	㉔	21	㉕	0	㉖	27	㉗	30	㉘	12
㉙	27	㉚	6	㉛	12	㉜	24	㉝	30	㉞	3	㉟	0

Worksheet 6

①	24	②	0	③	15	④	27	⑤	30	⑥	15	⑦	27
⑧	27	⑨	0	⑩	21	⑪	27	⑫	24	⑬	24	⑭	18
⑮	27	⑯	30	⑰	15	⑱	24	⑲	3	⑳	3	㉑	12
㉒	6	㉓	6	㉔	3	㉕	30	㉖	6	㉗	15	㉘	0
㉙	6	㉚	0	㉛	15	㉜	24	㉝	18	㉞	6	㉟	0

Worksheet 7

①	8	②	8	③	32	④	0	⑤	0	⑥	24	⑦	0
⑧	28	⑨	16	⑩	12	⑪	24	⑫	16	⑬	0	⑭	40
⑮	0	⑯	32	⑰	24	⑱	32	⑲	32	⑳	4	㉑	8
㉒	0	㉓	8	㉔	24	㉕	32	㉖	36	㉗	16	㉘	16
㉙	32	㉚	24	㉛	4	㉜	20	㉝	4	㉞	36	㉟	8

Worksheet 8

①	40	②	12	③	32	④	8	⑤	20	⑥	8	⑦	4
⑧	0	⑨	36	⑩	20	⑪	40	⑫	12	⑬	4	⑭	20
⑮	20	⑯	32	⑰	12	⑱	4	⑲	16	⑳	12	㉑	4
㉒	40	㉓	24	㉔	24	㉕	32	㉖	16	㉗	0	㉘	36
㉙	32	㉚	12	㉛	40	㉜	4	㉝	32	㉞	12	㉟	20

Worksheet 9

①	50	②	50	③	30	④	40	⑤	50	⑥	45	⑦	35
⑧	45	⑨	5	⑩	25	⑪	40	⑫	20	⑬	30	⑭	30
⑮	20	⑯	0	⑰	0	⑱	45	⑲	45	⑳	5	㉑	40
㉒	30	㉓	5	㉔	25	㉕	40	㉖	10	㉗	50	㉘	10
㉙	50	㉚	10	㉛	30	㉜	35	㉝	10	㉞	40	㉟	45

Worksheet 10

①	15	②	15	③	30	④	0	⑤	15	⑥	20	⑦	20
⑧	40	⑨	35	⑩	50	⑪	40	⑫	5	⑬	25	⑭	10
⑮	20	⑯	5	⑰	25	⑱	5	⑲	10	⑳	30	㉑	10
㉒	10	㉓	35	㉔	15	㉕	45	㉖	35	㉗	35	㉘	0
㉙	15	㉚	15	㉛	40	㉜	25	㉝	45	㉞	30	㉟	30

Worksheet 11

①	12	②	54	③	6	④	48	⑤	42	⑥	42	⑦	42
⑧	48	⑨	60	⑩	18	⑪	60	⑫	54	⑬	36	⑭	18
⑮	24	⑯	18	⑰	42	⑱	36	⑲	42	⑳	18	㉑	60
㉒	30	㉓	18	㉔	60	㉕	0	㉖	12	㉗	60	㉘	60
㉙	42	㉚	48	㉛	6	㉜	6	㉝	36	㉞	18	㉟	24

Worksheet 12

①	54	②	24	③	48	④	24	⑤	18	⑥	30	⑦	54
⑧	12	⑨	12	⑩	0	⑪	6	⑫	24	⑬	0	⑭	36
⑮	30	⑯	30	⑰	18	⑱	48	⑲	54	⑳	30	㉑	18
㉒	54	㉓	18	㉔	0	㉕	12	㉖	12	㉗	48	㉘	18
㉙	12	㉚	12	㉛	12	㉜	6	㉝	48	㉞	0	㉟	30

Worksheet 13

①	0	②	70	③	21	④	14	⑤	42	⑥	49	⑦	21
⑧	42	⑨	14	⑩	56	⑪	35	⑫	28	⑬	70	⑭	56
⑮	0	⑯	42	⑰	49	⑱	70	⑲	28	⑳	56	㉑	14
㉒	42	㉓	14	㉔	7	㉕	56	㉖	49	㉗	49	㉘	56
㉙	42	㉚	63	㉛	49	㉜	14	㉝	21	㉞	28	㉟	0

Worksheet 14

①	42	②	14	③	63	④	28	⑤	56	⑥	21	⑦	63
⑧	56	⑨	49	⑩	56	⑪	63	⑫	21	⑬	63	⑭	49
⑮	35	⑯	14	⑰	56	⑱	42	⑲	70	⑳	42	㉑	35
㉒	49	㉓	0	㉔	14	㉕	70	㉖	28	㉗	21	㉘	56
㉙	0	㉚	28	㉛	42	㉜	14	㉝	49	㉞	56	㉟	0

Worksheet 15

① 48	② 8	③ 80	④ 48	⑤ 48	⑥ 40	⑦ 72
⑧ 72	⑨ 8	⑩ 32	⑪ 8	⑫ 8	⑬ 72	⑭ 40
⑮ 48	⑯ 64	⑰ 8	⑱ 64	⑲ 80	⑳ 56	㉑ 64
㉒ 64	㉓ 40	㉔ 16	㉕ 64	㉖ 72	㉗ 40	㉘ 80
㉙ 8	㉚ 16	㉛ 56	㉜ 72	㉝ 40	㉞ 32	㉟ 16

Worksheet 16

① 0	② 72	③ 64	④ 32	⑤ 0	⑥ 64	⑦ 40
⑧ 72	⑨ 64	⑩ 8	⑪ 32	⑫ 48	⑬ 56	⑭ 32
⑮ 0	⑯ 0	⑰ 32	⑱ 72	⑲ 24	⑳ 0	㉑ 40
㉒ 80	㉓ 8	㉔ 72	㉕ 56	㉖ 72	㉗ 56	㉘ 16
㉙ 64	㉚ 72	㉛ 64	㉜ 24	㉝ 80	㉞ 40	㉟ 80

Worksheet 17

① 54	② 90	③ 27	④ 18	⑤ 81	⑥ 54	⑦ 36
⑧ 81	⑨ 81	⑩ 36	⑪ 9	⑫ 81	⑬ 27	⑭ 18
⑮ 54	⑯ 18	⑰ 9	⑱ 54	⑲ 36	⑳ 9	㉑ 45
㉒ 0	㉓ 18	㉔ 27	㉕ 9	㉖ 0	㉗ 18	㉘ 72
㉙ 63	㉚ 81	㉛ 27	㉜ 45	㉝ 18	㉞ 9	㉟ 9

Worksheet 18

① 63	② 0	③ 9	④ 72	⑤ 90	⑥ 0	⑦ 81
⑧ 0	⑨ 36	⑩ 9	⑪ 45	⑫ 72	⑬ 81	⑭ 45
⑮ 36	⑯ 45	⑰ 81	⑱ 9	⑲ 54	⑳ 27	㉑ 0
㉒ 36	㉓ 90	㉔ 63	㉕ 54	㉖ 81	㉗ 27	㉘ 0
㉙ 63	㉚ 90	㉛ 18	㉜ 9	㉝ 18	㉞ 90	㉟ 45

Worksheet 19

① 40	② 0	③ 80	④ 30	⑤ 20	⑥ 40	⑦ 70
⑧ 60	⑨ 60	⑩ 30	⑪ 20	⑫ 10	⑬ 10	⑭ 100
⑮ 40	⑯ 80	⑰ 70	⑱ 30	⑲ 50	⑳ 80	㉑ 40
㉒ 60	㉓ 30	㉔ 100	㉕ 100	㉖ 90	㉗ 50	㉘ 90
㉙ 0	㉚ 10	㉛ 40	㉜ 0	㉝ 30	㉞ 90	㉟ 0

Worksheet 20

①	50	②	30	③	90	④	100	⑤	40	⑥	50	⑦	60
⑧	60	⑨	60	⑩	20	⑪	0	⑫	80	⑬	40	⑭	20
⑮	70	⑯	50	⑰	20	⑱	80	⑲	80	⑳	20	㉑	70
㉒	10	㉓	20	㉔	0	㉕	80	㉖	30	㉗	20	㉘	40
㉙	100	㉚	80	㉛	100	㉜	80	㉝	0	㉞	90	㉟	90

Worksheet 21

①	0	②	0	③	16	④	18	⑤	40	⑥	30	⑦	3
⑧	14	⑨	10	⑩	28	⑪	90	⑫	63	⑬	0	⑭	20
⑮	28	⑯	90	⑰	90	⑱	20	⑲	42	⑳	32	㉑	50
㉒	56	㉓	24	㉔	20	㉕	56	㉖	42	㉗	8	㉘	28
㉙	10	㉚	18	㉛	28	㉜	3	㉝	63	㉞	30	㉟	18

Worksheet 22

①	18	②	40	③	2	④	35	⑤	0	⑥	0	⑦	15
⑧	0	⑨	18	⑩	72	⑪	0	⑫	3	⑬	64	⑭	35
⑮	32	⑯	28	⑰	63	⑱	40	⑲	72	⑳	14	㉑	0
㉒	8	㉓	2	㉔	40	㉕	56	㉖	15	㉗	63	㉘	4
㉙	0	㉚	35	㉛	16	㉜	0	㉝	20	㉞	21	㉟	0

Worksheet 23

①	3	②	6	③	6	④	20	⑤	0	⑥	0	⑦	0
⑧	8	⑨	10	⑩	24	⑪	12	⑫	10	⑬	16	⑭	42
⑮	60	⑯	100	⑰	70	⑱	9	⑲	0	⑳	56	㉑	7
㉒	64	㉓	18	㉔	0	㉕	0	㉖	0	㉗	2	㉘	72
㉙	80	㉚	3	㉛	12	㉜	4	㉝	20	㉞	54	㉟	0

Worksheet 24

①	54	②	50	③	10	④	90	⑤	6	⑥	6	⑦	0
⑧	14	⑨	16	⑩	0	⑪	5	⑫	48	⑬	0	⑭	10
⑮	2	⑯	0	⑰	18	⑱	72	⑲	72	⑳	2	㉑	45
㉒	2	㉓	0	㉔	30	㉕	2	㉖	1	㉗	24	㉘	54
㉙	9	㉚	42	㉛	90	㉜	48	㉝	35	㉞	10	㉟	32

Worksheet 25

① 60	② 32	③ 50	④ 2	⑤ 48	⑥ 56	⑦ 3	
⑧ 90	⑨ 20	⑩ 30	⑪ 36	⑫ 2	⑬ 0	⑭ 15	
⑮ 21	⑯ 0	⑰ 10	⑱ 24	⑲ 0	⑳ 4	㉑ 30	
㉒ 28	㉓ 7	㉔ 20	㉕ 7	㉖ 36	㉗ 5	㉘ 4	
㉙ 18	㉚ 18	㉛ 16	㉜ 0	㉝ 4	㉞ 0	㉟ 35	

Worksheet 26

① 4	② 0	③ 12	④ 63	⑤ 54	⑥ 48	⑦ 28	
⑧ 42	⑨ 6	⑩ 64	⑪ 20	⑫ 42	⑬ 90	⑭ 63	
⑮ 20	⑯ 5	⑰ 0	⑱ 12	⑲ 0	⑳ 70	㉑ 24	
㉒ 0	㉓ 45	㉔ 70	㉕ 48	㉖ 35	㉗ 4	㉘ 32	
㉙ 14	㉚ 0	㉛ 21	㉜ 0	㉝ 0	㉞ 16	㉟ 40	

Worksheet 27

① 10	② 3	③ 32	④ 20	⑤ 0	⑥ 16	⑦ 6	
⑧ 12	⑨ 0	⑩ 0	⑪ 0	⑫ 42	⑬ 28	⑭ 20	
⑮ 7	⑯ 50	⑰ 48	⑱ 36	⑲ 2	⑳ 80	㉑ 10	
㉒ 8	㉓ 7	㉔ 24	㉕ 72	㉖ 7	㉗ 5	㉘ 30	
㉙ 64	㉚ 5	㉛ 0	㉜ 18	㉝ 4	㉞ 8	㉟ 21	

Worksheet 28

① 5	② 72	③ 63	④ 20	⑤ 20	⑥ 0	⑦ 18	
⑧ 0	⑨ 2	⑩ 0	⑪ 10	⑫ 0	⑬ 30	⑭ 32	
⑮ 6	⑯ 40	⑰ 15	⑱ 16	⑲ 0	⑳ 35	㉑ 50	
㉒ 20	㉓ 30	㉔ 36	㉕ 60	㉖ 30	㉗ 28	㉘ 1	
㉙ 20	㉚ 81	㉛ 14	㉜ 49	㉝ 6	㉞ 3	㉟ 20	

Worksheet 29

① 10	② 24	③ 8	④ 1	⑤ 15	⑥ 32	⑦ 8	
⑧ 15	⑨ 70	⑩ 56	⑪ 50	⑫ 28	⑬ 30	⑭ 70	
⑮ 72	⑯ 20	⑰ 10	⑱ 70	⑲ 21	⑳ 0	㉑ 3	
㉒ 0	㉓ 64	㉔ 16	㉕ 36	㉖ 0	㉗ 6	㉘ 16	
㉙ 30	㉚ 30	㉛ 16	㉜ 6	㉝ 4	㉞ 4	㉟ 9	

Worksheet 30

① 60	② 42	③ 45	④ 48	⑤ 16	⑥ 90	⑦ 24
⑧ 16	⑨ 9	⑩ 80	⑪ 42	⑫ 0	⑬ 30	⑭ 0
⑮ 36	⑯ 48	⑰ 48	⑱ 28	⑲ 10	⑳ 0	㉑ 24
㉒ 72	㉓ 36	㉔ 81	㉕ 7	㉖ 50	㉗ 24	㉘ 10
㉙ 5	㉚ 0	㉛ 16	㉜ 36	㉝ 6	㉞ 9	㉟ 6

Worksheet 31

① 20	② 24	③ 72	④ 18	⑤ 8	⑥ 16	⑦ 49
⑧ 27	⑨ 40	⑩ 36	⑪ 30	⑫ 24	⑬ 36	⑭ 18
⑮ 36	⑯ 54	⑰ 14	⑱ 36	⑲ 40	⑳ 24	㉑ 12
㉒ 9	㉓ 24	㉔ 56	㉕ 12	㉖ 80	㉗ 50	㉘ 4
㉙ 12	㉚ 20	㉛ 24	㉜ 9	㉝ 80	㉞ 21	㉟ 60

Worksheet 32

① 64	② 24	③ 36	④ 42	⑤ 8	⑥ 56	⑦ 90
⑧ 16	⑨ 45	⑩ 30	⑪ 48	⑫ 32	⑬ 28	⑭ 4
⑮ 16	⑯ 10	⑰ 16	⑱ 12	⑲ 42	⑳ 64	㉑ 20
㉒ 81	㉓ 12	㉔ 48	㉕ 54	㉖ 9	㉗ 49	㉘ 9
㉙ 12	㉚ 36	㉛ 12	㉜ 45	㉝ 40	㉞ 60	㉟ 28

Worksheet 33

① 12	② 14	③ 36	④ 21	⑤ 72	⑥ 49	⑦ 40
⑧ 12	⑨ 18	⑩ 20	⑪ 18	⑫ 18	⑬ 8	⑭ 63
⑮ 12	⑯ 72	⑰ 6	⑱ 30	⑲ 14	⑳ 20	㉑ 35
㉒ 54	㉓ 72	㉔ 40	㉕ 56	㉖ 24	㉗ 60	㉘ 30
㉙ 48	㉚ 9	㉛ 8	㉜ 21	㉝ 16	㉞ 24	㉟ 30

Worksheet 34

① 30	② 72	③ 36	④ 54	⑤ 56	⑥ 63	⑦ 42
⑧ 30	⑨ 27	⑩ 63	⑪ 8	⑫ 42	⑬ 30	⑭ 14
⑮ 10	⑯ 48	⑰ 40	⑱ 90	⑲ 40	⑳ 14	㉑ 20
㉒ 16	㉓ 48	㉔ 54	㉕ 28	㉖ 8	㉗ 30	㉘ 60
㉙ 60	㉚ 30	㉛ 14	㉜ 12	㉝ 42	㉞ 21	㉟ 42

Worksheet 35

① 54	② 16	③ 63	④ 54	⑤ 36	⑥ 36	⑦ 20
⑧ 30	⑨ 30	⑩ 16	⑪ 10	⑫ 12	⑬ 45	⑭ 56
⑮ 25	⑯ 16	⑰ 24	⑱ 28	⑲ 14	⑳ 30	㉑ 35
㉒ 32	㉓ 72	㉔ 50	㉕ 15	㉖ 54	㉗ 20	㉘ 56
㉙ 20	㉚ 8	㉛ 63	㉜ 36	㉝ 14	㉞ 70	㉟ 64

Worksheet 36

① 60	② 48	③ 6	④ 14	⑤ 45	⑥ 12	⑦ 40
⑧ 12	⑨ 90	⑩ 28	⑪ 72	⑫ 40	⑬ 27	⑭ 4
⑮ 40	⑯ 16	⑰ 72	⑱ 18	⑲ 90	⑳ 49	㉑ 8
㉒ 12	㉓ 40	㉔ 72	㉕ 14	㉖ 30	㉗ 10	㉘ 9
㉙ 64	㉚ 42	㉛ 36	㉜ 48	㉝ 36	㉞ 24	㉟ 32

Worksheet 37

① 54	② 50	③ 24	④ 12	⑤ 90	⑥ 24	⑦ 8
⑧ 81	⑨ 12	⑩ 24	⑪ 15	⑫ 24	⑬ 40	⑭ 20
⑮ 45	⑯ 56	⑰ 45	⑱ 49	⑲ 8	⑳ 35	㉑ 60
㉒ 36	㉓ 35	㉔ 28	㉕ 24	㉖ 36	㉗ 30	㉘ 50
㉙ 18	㉚ 14	㉛ 60	㉜ 24	㉝ 56	㉞ 36	㉟ 8

Worksheet 38

① 12	② 10	③ 40	④ 64	⑤ 36	⑥ 12	⑦ 18
⑧ 30	⑨ 72	⑩ 27	⑪ 18	⑫ 24	⑬ 28	⑭ 24
⑮ 27	⑯ 16	⑰ 30	⑱ 63	⑲ 56	⑳ 42	㉑ 64
㉒ 15	㉓ 8	㉔ 28	㉕ 24	㉖ 50	㉗ 16	㉘ 8
㉙ 54	㉚ 48	㉛ 30	㉜ 20	㉝ 40	㉞ 60	㉟ 42

Worksheet 39

① 6	② 45	③ 36	④ 8	⑤ 32	⑥ 72	⑦ 81
⑧ 12	⑨ 12	⑩ 50	⑪ 12	⑫ 16	⑬ 12	⑭ 8
⑮ 35	⑯ 12	⑰ 48	⑱ 24	⑲ 10	⑳ 18	㉑ 35
㉒ 48	㉓ 64	㉔ 45	㉕ 28	㉖ 42	㉗ 32	㉘ 24
㉙ 48	㉚ 50	㉛ 72	㉜ 80	㉝ 14	㉞ 8	㉟ 8

Worksheet 40

①	28	②	20	③	64	④	28	⑤	12	⑥	50	⑦	20
⑧	30	⑨	25	⑩	14	⑪	15	⑫	4	⑬	49	⑭	12
⑮	40	⑯	24	⑰	6	⑱	30	⑲	4	⑳	42	㉑	42
㉒	20	㉓	14	㉔	25	㉕	40	㉖	50	㉗	36	㉘	56
㉙	64	㉚	45	㉛	6	㉜	15	㉝	40	㉞	50	㉟	28

Worksheet 41

①	21	②	40	③	15	④	70	⑤	32	⑥	8	⑦	20
⑧	24	⑨	49	⑩	36	⑪	24	⑫	20	⑬	30	⑭	28
⑮	9	⑯	12	⑰	24	⑱	54	⑲	45	⑳	10	㉑	21
㉒	20	㉓	72	㉔	24	㉕	30	㉖	10	㉗	6	㉘	32
㉙	64	㉚	81	㉛	14	㉜	6	㉝	16	㉞	63	㉟	32

Worksheet 42

①	32	②	72	③	10	④	15	⑤	32	⑥	24	⑦	30
⑧	10	⑨	21	⑩	24	⑪	72	⑫	8	⑬	14	⑭	72
⑮	72	⑯	32	⑰	56	⑱	25	⑲	24	⑳	9	㉑	6
㉒	16	㉓	32	㉔	24	㉕	70	㉖	60	㉗	45	㉘	100
㉙	81	㉚	28	㉛	20	㉜	8	㉝	4	㉞	15	㉟	40

Worksheet 43

①	63	②	42	③	50	④	40	⑤	60	⑥	16	⑦	6
⑧	30	⑨	18	⑩	8	⑪	24	⑫	50	⑬	24	⑭	16
⑮	12	⑯	32	⑰	45	⑱	24	⑲	72	⑳	12	㉑	48
㉒	45	㉓	15	㉔	80	㉕	20	㉖	12	㉗	12	㉘	16
㉙	64	㉚	100	㉛	64	㉜	16	㉝	10	㉞	12	㉟	64

Worksheet 44

①	36	②	80	③	70	④	42	⑤	63	⑥	20	⑦	50
⑧	81	⑨	50	⑩	80	⑪	36	⑫	21	⑬	6	⑭	32
⑮	12	⑯	36	⑰	72	⑱	24	⑲	8	⑳	10	㉑	10
㉒	24	㉓	72	㉔	40	㉕	10	㉖	28	㉗	20	㉘	54
㉙	20	㉚	90	㉛	36	㉜	48	㉝	16	㉞	27	㉟	48

Worksheet 45

①	48	②	18	③	24	④	63	⑤	56	⑥	50	⑦	18
⑧	45	⑨	36	⑩	20	⑪	63	⑫	36	⑬	24	⑭	60
⑮	8	⑯	24	⑰	12	⑱	64	⑲	32	⑳	15	㉑	50
㉒	28	㉓	56	㉔	18	㉕	70	㉖	42	㉗	36	㉘	10
㉙	36	㉚	10	㉛	8	㉜	60	㉝	49	㉞	63	㉟	30

Worksheet 46

①	15	②	45	③	48	④	24	⑤	21	⑥	28	⑦	40
⑧	90	⑨	18	⑩	30	⑪	36	⑫	10	⑬	8	⑭	54
⑮	28	⑯	60	⑰	27	⑱	35	⑲	16	⑳	18	㉑	42
㉒	64	㉓	15	㉔	18	㉕	40	㉖	20	㉗	30	㉘	8
㉙	8	㉚	90	㉛	70	㉜	8	㉝	56	㉞	30	㉟	56

Worksheet 47

①	20	②	10	③	21	④	12	⑤	40	⑥	20	⑦	70
⑧	18	⑨	49	⑩	14	⑪	9	⑫	45	⑬	15	⑭	70
⑮	4	⑯	20	⑰	28	⑱	12	⑲	32	⑳	12	㉑	12
㉒	36	㉓	28	㉔	12	㉕	20	㉖	9	㉗	20	㉘	40
㉙	27	㉚	28	㉛	36	㉜	18	㉝	48	㉞	40	㉟	28

Worksheet 48

①	32	②	15	③	25	④	25	⑤	72	⑥	10	⑦	15
⑧	40	⑨	48	⑩	14	⑪	30	⑫	28	⑬	14	⑭	49
⑮	42	⑯	15	⑰	40	⑱	36	⑲	72	⑳	15	㉑	24
㉒	18	㉓	36	㉔	48	㉕	24	㉖	32	㉗	100	㉘	18
㉙	81	㉚	56	㉛	15	㉜	30	㉝	10	㉞	36	㉟	21

Worksheet 49

①	14	②	80	③	30	④	14	⑤	80	⑥	100	⑦	72
⑧	40	⑨	45	⑩	90	⑪	40	⑫	6	⑬	20	⑭	18
⑮	12	⑯	90	⑰	40	⑱	81	⑲	15	⑳	25	㉑	60
㉒	48	㉓	30	㉔	21	㉕	36	㉖	16	㉗	50	㉘	18
㉙	25	㉚	24	㉛	50	㉜	36	㉝	16	㉞	30	㉟	54

Worksheet 50

①	15	②	15	③	54	④	64	⑤	27	⑥	24	⑦	28
⑧	63	⑨	100	⑩	12	⑪	4	⑫	36	⑬	30	⑭	32
⑮	24	⑯	48	⑰	81	⑱	81	⑲	14	⑳	56	㉑	35
㉒	42	㉓	28	㉔	30	㉕	14	㉖	27	㉗	6	㉘	24
㉙	40	㉚	45	㉛	8	㉜	36	㉝	15	㉞	16	㉟	14

Worksheet 51

①	22	②	99	③	0	④	88	⑤	22	⑥	121	⑦	66
⑧	44	⑨	121	⑩	33	⑪	88	⑫	99	⑬	110	⑭	11
⑮	99	⑯	11	⑰	110	⑱	0	⑲	132	⑳	55	㉑	44
㉒	55	㉓	121	㉔	22	㉕	22	㉖	132	㉗	88	㉘	88
㉙	121	㉚	11	㉛	11	㉜	132	㉝	99	㉞	110	㉟	132

Worksheet 52

①	0	②	121	③	88	④	44	⑤	88	⑥	33	⑦	99
⑧	55	⑨	22	⑩	33	⑪	77	⑫	110	⑬	99	⑭	132
⑮	33	⑯	0	⑰	44	⑱	132	⑲	110	⑳	132	㉑	132
㉒	77	㉓	44	㉔	44	㉕	99	㉖	110	㉗	0	㉘	132
㉙	22	㉚	66	㉛	77	㉜	33	㉝	99	㉞	33	㉟	22

Worksheet 53

①	22	②	66	③	66	④	55	⑤	44	⑥	0	⑦	11
⑧	22	⑨	110	⑩	99	⑪	44	⑫	0	⑬	44	⑭	110
⑮	99	⑯	66	⑰	22	⑱	22	⑲	88	⑳	121	㉑	33
㉒	88	㉓	55	㉔	121	㉕	77	㉖	88	㉗	55	㉘	33
㉙	88	㉚	55	㉛	110	㉜	77	㉝	110	㉞	11	㉟	11

Worksheet 54

①	88	②	44	③	55	④	0	⑤	110	⑥	22	⑦	132
⑧	55	⑨	110	⑩	55	⑪	11	⑫	88	⑬	11	⑭	88
⑮	0	⑯	88	⑰	99	⑱	0	⑲	99	⑳	88	㉑	77
㉒	66	㉓	88	㉔	55	㉕	22	㉖	77	㉗	55	㉘	11
㉙	99	㉚	110	㉛	121	㉜	99	㉝	121	㉞	44	㉟	77

Worksheet 55

①	0	②	66	③	99	④	77	⑤	44	⑥	99	⑦	88
⑧	11	⑨	33	⑩	11	⑪	132	⑫	121	⑬	0	⑭	55
⑮	99	⑯	88	⑰	11	⑱	22	⑲	44	⑳	44	㉑	55
㉒	22	㉓	88	㉔	110	㉕	110	㉖	132	㉗	44	㉘	22
㉙	121	㉚	11	㉛	99	㉜	99	㉝	11	㉞	88	㉟	99

Worksheet 56

①	36	②	36	③	132	④	84	⑤	60	⑥	24	⑦	72
⑧	84	⑨	36	⑩	36	⑪	24	⑫	120	⑬	132	⑭	0
⑮	108	⑯	24	⑰	12	⑱	72	⑲	24	⑳	144	㉑	96
㉒	0	㉓	84	㉔	0	㉕	36	㉖	120	㉗	96	㉘	72
㉙	36	㉚	144	㉛	120	㉜	96	㉝	72	㉞	96	㉟	36

Worksheet 57

①	132	②	0	③	132	④	60	⑤	144	⑥	72	⑦	108
⑧	0	⑨	36	⑩	108	⑪	132	⑫	0	⑬	96	⑭	36
⑮	120	⑯	0	⑰	12	⑱	60	⑲	48	⑳	120	㉑	12
㉒	108	㉓	132	㉔	144	㉕	72	㉖	12	㉗	84	㉘	36
㉙	120	㉚	24	㉛	108	㉜	0	㉝	132	㉞	0	㉟	132

Worksheet 58

①	60	②	48	③	48	④	132	⑤	108	⑥	144	⑦	108
⑧	96	⑨	48	⑩	48	⑪	0	⑫	36	⑬	0	⑭	12
⑮	72	⑯	84	⑰	144	⑱	120	⑲	24	⑳	96	㉑	84
㉒	108	㉓	108	㉔	0	㉕	36	㉖	132	㉗	108	㉘	120
㉙	0	㉚	132	㉛	60	㉜	12	㉝	108	㉞	72	㉟	0

Worksheet 59

①	36	②	120	③	60	④	60	⑤	96	⑥	24	⑦	48
⑧	36	⑨	132	⑩	60	⑪	144	⑫	120	⑬	48	⑭	132
⑮	96	⑯	12	⑰	72	⑱	120	⑲	120	⑳	60	㉑	132
㉒	120	㉓	120	㉔	60	㉕	36	㉖	144	㉗	108	㉘	36
㉙	96	㉚	0	㉛	36	㉜	132	㉝	24	㉞	132	㉟	0

Worksheet 60

①	0	②	120	③	132	④	108	⑤	108	⑥	96	⑦	132
⑧	12	⑨	48	⑩	60	⑪	12	⑫	144	⑬	24	⑭	0
⑮	144	⑯	108	⑰	72	⑱	24	⑲	96	⑳	60	㉑	36
㉒	120	㉓	96	㉔	144	㉕	36	㉖	60	㉗	36	㉘	36
㉙	36	㉚	12	㉛	72	㉜	84	㉝	120	㉞	36	㉟	84

Worksheet 61

①	20	②	0	③	18	④	1	⑤	28	⑥	32	⑦	40
⑧	6	⑨	20	⑩	16	⑪	27	⑫	40	⑬	132	⑭	0
⑮	0	⑯	72	⑰	1	⑱	88	⑲	60	⑳	12	㉑	8
㉒	5	㉓	48	㉔	80	㉕	36	㉖	110	㉗	60	㉘	50
㉙	8	㉚	48	㉛	60	㉜	132	㉝	90	㉞	120	㉟	0

Worksheet 62

①	5	②	72	③	0	④	88	⑤	77	⑥	8	⑦	60
⑧	8	⑨	56	⑩	21	⑪	35	⑫	0	⑬	72	⑭	132
⑮	110	⑯	88	⑰	50	⑱	18	⑲	24	⑳	0	㉑	49
㉒	30	㉓	60	㉔	77	㉕	84	㉖	9	㉗	10	㉘	20
㉙	12	㉚	0	㉛	20	㉜	56	㉝	20	㉞	0	㉟	24

Worksheet 63

①	44	②	28	③	0	④	72	⑤	8	⑥	18	⑦	54
⑧	30	⑨	72	⑩	12	⑪	42	⑫	8	⑬	7	⑭	40
⑮	0	⑯	21	⑰	25	⑱	36	⑲	3	⑳	0	㉑	36
㉒	24	㉓	27	㉔	0	㉕	18	㉖	55	㉗	10	㉘	36
㉙	18	㉚	18	㉛	0	㉜	0	㉝	45	㉞	80	㉟	30

Worksheet 64

①	96	②	90	③	11	④	60	⑤	0	⑥	50	⑦	8
⑧	84	⑨	36	⑩	12	⑪	88	⑫	120	⑬	7	⑭	8
⑮	60	⑯	132	⑰	20	⑱	20	⑲	55	⑳	48	㉑	100
㉒	49	㉓	16	㉔	84	㉕	4	㉖	72	㉗	36	㉘	50
㉙	0	㉚	24	㉛	3	㉜	35	㉝	63	㉞	0	㉟	8

Worksheet 65

①	15	②	0	③	0	④	44	⑤	1	⑥	42	⑦	3
⑧	84	⑨	0	⑩	9	⑪	11	⑫	21	⑬	21	⑭	60
⑮	24	⑯	20	⑰	100	⑱	55	⑲	66	⑳	8	㉑	44
㉒	77	㉓	0	㉔	70	㉕	88	㉖	10	㉗	60	㉘	6
㉙	56	㉚	88	㉛	84	㉜	70	㉝	45	㉞	11	㉟	0

Worksheet 66

①	30	②	16	③	40	④	99	⑤	8	⑥	30	⑦	10
⑧	35	⑨	0	⑩	49	⑪	144	⑫	0	⑬	8	⑭	0
⑮	99	⑯	110	⑰	6	⑱	80	⑲	0	⑳	40	㉑	35
㉒	0	㉓	110	㉔	6	㉕	84	㉖	84	㉗	12	㉘	54
㉙	0	㉚	2	㉛	33	㉜	4	㉝	120	㉞	7	㉟	7

Worksheet 67

①	0	②	80	③	90	④	10	⑤	10	⑥	18	⑦	24
⑧	81	⑨	0	⑩	60	⑪	100	⑫	33	⑬	22	⑭	0
⑮	0	⑯	100	⑰	11	⑱	9	⑲	20	⑳	88	㉑	42
㉒	44	㉓	96	㉔	110	㉕	8	㉖	2	㉗	36	㉘	72
㉙	35	㉚	12	㉛	0	㉜	84	㉝	63	㉞	18	㉟	66

Worksheet 68

①	20	②	110	③	1	④	56	⑤	18	⑥	60	⑦	16
⑧	144	⑨	12	⑩	84	⑪	48	⑫	4	⑬	0	⑭	90
⑮	60	⑯	48	⑰	0	⑱	0	⑲	0	⑳	45	㉑	110
㉒	88	㉓	3	㉔	0	㉕	0	㉖	50	㉗	110	㉘	44
㉙	54	㉚	70	㉛	7	㉜	90	㉝	6	㉞	33	㉟	48

Worksheet 69

①	132	②	110	③	5	④	24	⑤	24	⑥	14	⑦	21
⑧	0	⑨	0	⑩	36	⑪	36	⑫	9	⑬	33	⑭	108
⑮	0	⑯	11	⑰	48	⑱	50	⑲	8	⑳	36	㉑	21
㉒	30	㉓	20	㉔	0	㉕	40	㉖	20	㉗	50	㉘	9
㉙	6	㉚	21	㉛	30	㉜	0	㉝	25	㉞	27	㉟	88

Worksheet 70

①	30	②	42	③	0	④	40	⑤	0	⑥	45	⑦	4
⑧	0	⑨	45	⑩	33	⑪	6	⑫	2	⑬	80	⑭	36
⑮	0	⑯	30	⑰	63	⑱	15	⑲	108	⑳	70	㉑	0
㉒	0	㉓	70	㉔	45	㉕	20	㉖	9	㉗	6	㉘	16
㉙	40	㉚	20	㉛	14	㉜	11	㉝	60	㉞	12	㉟	24

Worksheet 71

①	66	②	20	③	50	④	121	⑤	8	⑥	6	⑦	36
⑧	56	⑨	8	⑩	132	⑪	32	⑫	90	⑬	14	⑭	72
⑮	96	⑯	36	⑰	36	⑱	24	⑲	24	⑳	14	㉑	144
㉒	18	㉓	20	㉔	6	㉕	56	㉖	70	㉗	60	㉘	35
㉙	40	㉚	132	㉛	50	㉜	27	㉝	66	㉞	63	㉟	21

Worksheet 72

①	4	②	55	③	72	④	6	⑤	80	⑥	77	⑦	10
⑧	16	⑨	144	⑩	28	⑪	30	⑫	48	⑬	42	⑭	16
⑮	14	⑯	60	⑰	48	⑱	81	⑲	77	⑳	80	㉑	30
㉒	12	㉓	48	㉔	60	㉕	96	㉖	15	㉗	99	㉘	28
㉙	15	㉚	18	㉛	15	㉜	121	㉝	60	㉞	48	㉟	9

Worksheet 73

①	14	②	45	③	60	④	108	⑤	100	⑥	24	⑦	50
⑧	54	⑨	20	⑩	90	⑪	121	⑫	28	⑬	44	⑭	36
⑮	32	⑯	60	⑰	44	⑱	45	⑲	55	⑳	40	㉑	66
㉒	10	㉓	35	㉔	99	㉕	66	㉖	48	㉗	64	㉘	45
㉙	28	㉚	96	㉛	48	㉜	56	㉝	50	㉞	66	㉟	70

Worksheet 74

①	144	②	28	③	110	④	24	⑤	14	⑥	24	⑦	25
⑧	25	⑨	48	⑩	66	⑪	18	⑫	144	⑬	8	⑭	30
⑮	56	⑯	121	⑰	22	⑱	16	⑲	28	⑳	8	㉑	12
㉒	32	㉓	60	㉔	15	㉕	20	㉖	12	㉗	72	㉘	30
㉙	10	㉚	56	㉛	80	㉜	14	㉝	120	㉞	54	㉟	10

Worksheet 75

①	15	②	72	③	6	④	21	⑤	77	⑥	77	⑦	72
⑧	121	⑨	50	⑩	72	⑪	54	⑫	49	⑬	99	⑭	48
⑮	36	⑯	12	⑰	24	⑱	18	⑲	12	⑳	60	㉑	108
㉒	132	㉓	21	㉔	24	㉕	44	㉖	22	㉗	9	㉘	70
㉙	20	㉚	24	㉛	20	㉜	6	㉝	12	㉞	56	㉟	12

Worksheet 76

①	48	②	72	③	48	④	72	⑤	63	⑥	30	⑦	14
⑧	54	⑨	56	⑩	20	⑪	27	⑫	18	⑬	77	⑭	8
⑮	36	⑯	30	⑰	8	⑱	50	⑲	16	⑳	27	㉑	60
㉒	30	㉓	72	㉔	8	㉕	40	㉖	60	㉗	72	㉘	48
㉙	40	㉚	28	㉛	72	㉜	80	㉝	42	㉞	72	㉟	27

Worksheet 77

①	28	②	50	③	42	④	32	⑤	63	⑥	27	⑦	96
⑧	121	⑨	45	⑩	40	⑪	84	⑫	64	⑬	110	⑭	60
⑮	12	⑯	30	⑰	84	⑱	84	⑲	60	⑳	120	㉑	30
㉒	110	㉓	14	㉔	20	㉕	22	㉖	48	㉗	66	㉘	48
㉙	40	㉚	36	㉛	4	㉜	60	㉝	36	㉞	110	㉟	30

Worksheet 78

①	25	②	14	③	35	④	55	⑤	24	⑥	18	⑦	132
⑧	6	⑨	8	⑩	10	⑪	36	⑫	72	⑬	24	⑭	50
⑮	48	⑯	24	⑰	121	⑱	44	⑲	54	⑳	108	㉑	45
㉒	18	㉓	36	㉔	80	㉕	90	㉖	24	㉗	88	㉘	18
㉙	14	㉚	12	㉛	70	㉜	42	㉝	48	㉞	14	㉟	132

Worksheet 79

①	24	②	24	③	40	④	24	⑤	55	⑥	72	⑦	108
⑧	10	⑨	40	⑩	55	⑪	18	⑫	72	⑬	12	⑭	18
⑮	36	⑯	88	⑰	90	⑱	14	⑲	24	⑳	12	㉑	30
㉒	88	㉓	10	㉔	36	㉕	132	㉖	96	㉗	33	㉘	110
㉙	36	㉚	42	㉛	30	㉜	12	㉝	132	㉞	60	㉟	20

Worksheet 80

①	48	②	50	③	72	④	21	⑤	99	⑥	72	⑦	20
⑧	40	⑨	36	⑩	56	⑪	72	⑫	6	⑬	30	⑭	44
⑮	99	⑯	36	⑰	6	⑱	18	⑲	88	⑳	24	㉑	60
㉒	20	㉓	120	㉔	48	㉕	120	㉖	77	㉗	12	㉘	121
㉙	42	㉚	12	㉛	63	㉜	49	㉝	90	㉞	14	㉟	36

Worksheet 81

①	108	②	12	③	72	④	40	⑤	72	⑥	21	⑦	110
⑧	96	⑨	18	⑩	8	⑪	44	⑫	21	⑬	12	⑭	42
⑮	20	⑯	35	⑰	99	⑱	24	⑲	81	⑳	15	㉑	121
㉒	21	㉓	132	㉔	66	㉕	15	㉖	40	㉗	36	㉘	72
㉙	36	㉚	40	㉛	50	㉜	28	㉝	80	㉞	32	㉟	50

Worksheet 82

①	88	②	49	③	30	④	72	⑤	144	⑥	66	⑦	6
⑧	40	⑨	42	⑩	12	⑪	24	⑫	32	⑬	28	⑭	99
⑮	108	⑯	35	⑰	10	⑱	33	⑲	55	⑳	6	㉑	33
㉒	81	㉓	121	㉔	25	㉕	35	㉖	55	㉗	22	㉘	8
㉙	40	㉚	60	㉛	12	㉜	28	㉝	24	㉞	110	㉟	27

Worksheet 83

①	45	②	84	③	63	④	18	⑤	60	⑥	27	⑦	27
⑧	45	⑨	36	⑩	12	⑪	48	⑫	72	⑬	8	⑭	16
⑮	24	⑯	120	⑰	10	⑱	36	⑲	8	⑳	50	㉑	14
㉒	28	㉓	42	㉔	10	㉕	10	㉖	80	㉗	54	㉘	18
㉙	48	㉚	22	㉛	110	㉜	12	㉝	40	㉞	8	㉟	66

Worksheet 84

①	35	②	55	③	27	④	42	⑤	132	⑥	44	⑦	54
⑧	27	⑨	44	⑩	110	⑪	30	⑫	36	⑬	30	⑭	20
⑮	21	⑯	24	⑰	40	⑱	24	⑲	12	⑳	16	㉑	90
㉒	18	㉓	20	㉔	63	㉕	20	㉖	56	㉗	88	㉘	20
㉙	27	㉚	14	㉛	9	㉜	28	㉝	8	㉞	90	㉟	60

Worksheet 85

①	48	②	18	③	144	④	18	⑤	40	⑥	32	⑦	55
⑧	20	⑨	30	⑩	66	⑪	90	⑫	63	⑬	18	⑭	60
⑮	28	⑯	30	⑰	132	⑱	24	⑲	55	⑳	33	㉑	90
㉒	72	㉓	8	㉔	66	㉕	108	㉖	72	㉗	12	㉘	77
㉙	20	㉚	15	㉛	12	㉜	42	㉝	27	㉞	88	㉟	132

Worksheet 86

①	24	②	44	③	50	④	80	⑤	20	⑥	70	⑦	24
⑧	56	⑨	45	⑩	15	⑪	21	⑫	72	⑬	132	⑭	60
⑮	4	⑯	27	⑰	54	⑱	12	⑲	50	⑳	36	㉑	110
㉒	12	㉓	40	㉔	55	㉕	77	㉖	48	㉗	8	㉘	72
㉙	56	㉚	110	㉛	35	㉜	20	㉝	99	㉞	72	㉟	44

Worksheet 87

①	56	②	33	③	36	④	30	⑤	32	⑥	44	⑦	66
⑧	40	⑨	63	⑩	16	⑪	8	⑫	66	⑬	60	⑭	18
⑮	33	⑯	36	⑰	90	⑱	14	⑲	50	⑳	120	㉑	48
㉒	14	㉓	22	㉔	49	㉕	110	㉖	88	㉗	56	㉘	20
㉙	14	㉚	15	㉛	84	㉜	18	㉝	27	㉞	14	㉟	50

Worksheet 88

①	20	②	84	③	24	④	110	⑤	108	⑥	22	⑦	77
⑧	55	⑨	132	⑩	50	⑪	121	⑫	84	⑬	84	⑭	24
⑮	14	⑯	8	⑰	9	⑱	44	⑲	63	⑳	55	㉑	60
㉒	88	㉓	77	㉔	72	㉕	84	㉖	120	㉗	16	㉘	18
㉙	36	㉚	72	㉛	108	㉜	63	㉝	120	㉞	66	㉟	24

Worksheet 89

①	12	②	132	③	108	④	54	⑤	9	⑥	8	⑦	20
⑧	40	⑨	6	⑩	28	⑪	63	⑫	77	⑬	18	⑭	18
⑮	50	⑯	18	⑰	33	⑱	35	⑲	8	⑳	44	㉑	44
㉒	8	㉓	120	㉔	110	㉕	60	㉖	108	㉗	27	㉘	84
㉙	28	㉚	16	㉛	49	㉜	48	㉝	24	㉞	16	㉟	30

Worksheet 90

① 12	② 56	③ 24	④ 16	⑤ 28	⑥ 15	⑦ 40	
⑧ 24	⑨ 70	⑩ 70	⑪ 12	⑫ 44	⑬ 6	⑭ 33	
⑮ 16	⑯ 33	⑰ 96	⑱ 54	⑲ 15	⑳ 12	㉑ 56	
㉒ 18	㉓ 55	㉔ 132	㉕ 16	㉖ 20	㉗ 16	㉘ 40	
㉙ 24	㉚ 40	㉛ 14	㉜ 30	㉝ 44	㉞ 21	㉟ 9	

Worksheet 91

① 121	② 21	③ 56	④ 99	⑤ 110	⑥ 12	⑦ 72	
⑧ 40	⑨ 27	⑩ 55	⑪ 32	⑫ 96	⑬ 80	⑭ 16	
⑮ 42	⑯ 72	⑰ 21	⑱ 6	⑲ 6	⑳ 80	㉑ 36	
㉒ 81	㉓ 8	㉔ 18	㉕ 90	㉖ 77	㉗ 70	㉘ 8	
㉙ 99	㉚ 12	㉛ 30	㉜ 132	㉝ 63	㉞ 33	㉟ 48	

Worksheet 92

① 9	② 48	③ 42	④ 30	⑤ 88	⑥ 18	⑦ 18	
⑧ 40	⑨ 18	⑩ 12	⑪ 90	⑫ 132	⑬ 24	⑭ 22	
⑮ 24	⑯ 99	⑰ 35	⑱ 44	⑲ 90	⑳ 10	㉑ 121	
㉒ 120	㉓ 24	㉔ 20	㉕ 10	㉖ 32	㉗ 30	㉘ 99	
㉙ 30	㉚ 54	㉛ 36	㉜ 66	㉝ 20	㉞ 72	㉟ 12	

Worksheet 93

① 88	② 60	③ 108	④ 55	⑤ 10	⑥ 96	⑦ 50	
⑧ 132	⑨ 24	⑩ 66	⑪ 35	⑫ 44	⑬ 72	⑭ 36	
⑮ 70	⑯ 56	⑰ 16	⑱ 48	⑲ 20	⑳ 21	㉑ 32	
㉒ 32	㉓ 48	㉔ 54	㉕ 6	㉖ 72	㉗ 36	㉘ 90	
㉙ 80	㉚ 66	㉛ 14	㉜ 132	㉝ 25	㉞ 63	㉟ 45	

Worksheet 94

① 50	② 50	③ 50	④ 24	⑤ 33	⑥ 36	⑦ 66	
⑧ 64	⑨ 16	⑩ 80	⑪ 90	⑫ 45	⑬ 84	⑭ 18	
⑮ 24	⑯ 54	⑰ 24	⑱ 120	⑲ 56	⑳ 10	㉑ 72	
㉒ 84	㉓ 77	㉔ 12	㉕ 10	㉖ 56	㉗ 18	㉘ 72	
㉙ 90	㉚ 84	㉛ 70	㉜ 96	㉝ 18	㉞ 8	㉟ 132	

Worksheet 95

①	27	②	20	③	80	④	15	⑤	32	⑥	40	⑦	8
⑧	56	⑨	40	⑩	90	⑪	8	⑫	25	⑬	27	⑭	49
⑮	56	⑯	36	⑰	48	⑱	28	⑲	35	⑳	42	㉑	48
㉒	4	㉓	45	㉔	80	㉕	14	㉖	8	㉗	63	㉘	110
㉙	8	㉚	25	㉛	28	㉜	54	㉝	70	㉞	18	㉟	54

Worksheet 96

①	24	②	49	③	90	④	21	⑤	20	⑥	16	⑦	20
⑧	90	⑨	70	⑩	120	⑪	25	⑫	121	⑬	16	⑭	144
⑮	132	⑯	56	⑰	90	⑱	49	⑲	88	⑳	18	㉑	40
㉒	49	㉓	72	㉔	8	㉕	81	㉖	60	㉗	6	㉘	54
㉙	12	㉚	28	㉛	14	㉜	30	㉝	32	㉞	80	㉟	4

Worksheet 97

①	45	②	40	③	42	④	70	⑤	48	⑥	12	⑦	12
⑧	33	⑨	24	⑩	28	⑪	12	⑫	48	⑬	132	⑭	72
⑮	60	⑯	18	⑰	40	⑱	88	⑲	99	⑳	64	㉑	90
㉒	70	㉓	24	㉔	50	㉕	45	㉖	36	㉗	22	㉘	30
㉙	44	㉚	120	㉛	88	㉜	60	㉝	20	㉞	30	㉟	44

Worksheet 98

①	132	②	44	③	44	④	18	⑤	108	⑥	33	⑦	63
⑧	88	⑨	40	⑩	22	⑪	90	⑫	14	⑬	56	⑭	21
⑮	80	⑯	6	⑰	21	⑱	24	⑲	21	⑳	20	㉑	21
㉒	45	㉓	18	㉔	40	㉕	36	㉖	81	㉗	27	㉘	33
㉙	64	㉚	18	㉛	120	㉜	77	㉝	22	㉞	84	㉟	56

Worksheet 99

①	36	②	16	③	15	④	4	⑤	24	⑥	16	⑦	6
⑧	90	⑨	63	⑩	30	⑪	84	⑫	22	⑬	20	⑭	36
⑮	120	⑯	9	⑰	22	⑱	56	⑲	12	⑳	48	㉑	88
㉒	96	㉓	90	㉔	33	㉕	108	㉖	28	㉗	60	㉘	27
㉙	48	㉚	36	㉛	88	㉜	24	㉝	56	㉞	24	㉟	28

Worksheet   100

① 15   ② 24   ③ 108   ④ 40   ⑤ 40   ⑥ 36   ⑦ 36
⑧ 24   ⑨ 24   ⑩ 72   ⑪ 110   ⑫ 12   ⑬ 20   ⑭ 63
⑮ 132   ⑯ 88   ⑰ 120   ⑱ 36   ⑲ 70   ⑳ 20   ㉑ 10
㉒ 90   ㉓ 80   ㉔ 72   ㉕ 72   ㉖ 120   ㉗ 32   ㉘ 63
㉙ 66   ㉚ 45   ㉛ 54   ㉜ 56   ㉝ 84   ㉞ 16   ㉟ 6

Did You Like This Book?

I searched online to find basic math worksheets like these, but wasn't satisfied with what I found. I made these math worksheets for my children and students. Then I put them together in this workbook so that they would be available to other parents and teachers. Some of my objectives in making this workbook were:

- Including the answers at the back so parents or teachers could easily check the solutions.
- Numbering the exercises to make it easy to check the answers, and to allow teachers to assign groups of problems by number.
- Providing enough space for students to write their answers.
- Organizing the problems in a visually appealing way, and arranging the content so that the level of difficulty grows as the book progresses.
- Having designated room for students to write their name, and for parents or teachers to record the score and time.
- Making the book affordable. I hope that you believe this workbook to be a good value.

I hope that you found this workbook to be useful. I would be very appreciative of any feedback that you may choose to leave at www.amazon.com. This would also be very helpful for any other parents or teachers who are searching for math workbooks.

Thank You,
Anne Fairbanks

Made in the USA
Middletown, DE
06 May 2023